HEPHAESTUS RELOADED

First published in 2019 by punctum books, Earth, Milky Way.
https://punctumbooks.com

ISBN-13: 978-1-950192-35-9 (print)
ISBN-13: 978-1-950192-36-6 (ePDF)

DOI: 10.21983/P3.0258.1.00

LCCN: 2019944342
Library of Congress Cataloging Data is available from the Library of Congress

Cover Design: Vincent W.J. van Gerven Oei
Book Design: Alessandro De Francesco

HEPHAESTUS

RELOADED

Composed for 10 hands

INTRODUCTION

Composed for ten hands, fifty digits, alludes to ways of coding that generate a text or a book as a polyphonic libretto, a libretto about ways for achieving transcendence. Nothing is more compelling now than making sense of continual self-transcendence, which replaces the "modern" idea of "nature" and its "objects" where transcendence used to appear as the dark side of nature itself. Instead, Hephaestus's work, the technical, turns out to be the original way of expressing the natural transcendence that governs everything as it keeps becoming what it is.

Transcendence is being transformed through cybernetic machines and systems into actual manifolds and nexuses of information. And as such "information" is no longer conceivable as a "posit" or "object," namely a given and fixed datum, but rather, it is conceivable in terms of movements, dynamics and vectors of forces and tendencies in a world/s or plateaus that have transformed "relations" and "differences" between data into nets of data that generate new possibilities for the systems and continuously self-generate.

The reloading of *Hephaestus* is not simply a rebooting of systems or networks from the vantage point of the living thing/body or else the human. A bygone matrix. Rather, it tests the boundaries of sense or significance at the point of convergence between individual agents (the "texts" or "voices") that are extending beyond the immanence of a language or two, an intention or more, a body or non. In effect, the idea of transcendence stems from the impossibility of explaining the feet of Hephaestus in terms of "objects" or and "relations." "The growing need at the moment, to ground discourse onto a material or purely substantive plane of the utter immanence of the real, has come to haunt us under the spell of "facts" and "postfacts," "reals" and "fictions.""

The idea of transcendence – as a sort of a "despite" or as resilient counter-tendencies to what appears as marking or positing the technological de-

lineation of the body, the self and sphere of the subject (with its augmented perceptions) – unravels through the topological impossibility of demarcating the inside/outside boundaries of the body, self and subject.

In the cybernetic transformational world/s of machines/organisms, and their extensive/augmentative interface with bodies, the context and content no longer remain "inside" or "outside" but vacillate and accelerate between individual and collective organisms and particulars and systems' organizations, thus forming and defining a new topology that translates and transcodes structures into surface (form), and surface (form) into systemic dynamics.

What appears as a novel phenomenon is not simply the inability to disentangle and disambiguate inside and outside, structure and surface – as in the case of postmodern condition – of bodies that no longer obey to the binary articulation of opposites: organic/inorganic, natural/cultural, neutral/political, objective/subjective and above all machinic/systemic; but the fact that these new bodies – to be classified as "hybrids" – are marked by a non-binary logic, which requests a new value of transcendence, that is, a reference point which by necessity appears other than the dyadic elements in play, and at the same time it is generated by them.

The transcendence of the actual and the virtual into a "third" element is to be analyzed through the notions of post-binary coincidences, triangulation, hybrids, post-human, combinatorics, in which what is, is always on the point of becoming (something else).

In order of appearance, from the left to the right column of the text, we first encounter Vladimir D'amora's text – *Watchful Screens* or *Veglia degli schermi* in the Italian. His text is a poem that struggles and attempts to make sense of the dominance of the screen, from the iPhone to the television, the screen as both a point of departure and a point of reference and arrival at a meaning, a transcendence.

In a refracted text similar to David Cronenberg's early film *Videodrome* his text embodies a living screen and the descriptive amalgams act as screen through which our sensations and perception turn into a textual Möbius strip of sorts.

In a text titled *The Travelling Body*, Adam Berg explores the "presence" of the body as a traveling agency that is no longer restricted to travelling in the world outside, but instead through a new transcendent modality, the "voice" of Edith Stein or Stephen Hawing like the augmented perception introduced by drone technology, which offers a transversal travel within and without the body, perhaps defining the body only tentatively as it appears transient and fleetingly "now." As he contends, "[v]irtual technologies and their connectivity to networks allow a new form of transcendent agents that interchangeably replace the living body sense of movement (and travel) with the physical sensation of movement – kinesthetic sensation."

In her text titled *Eleos*, Brunella Antomarini traces and re-acts the genealogy of robots and cyborgs through an imaginary dialogue by which the protagonists, feminine robotic entities – as if marionettes coming to life, animated – in an imagined future in which the humans have been replaced as agents of decision, take over or "revolt" against the authority of the text and the "human" author.

For example, *Palomilla*, Norbert Wiener's devised phototropic robot, as the text suggests, "turned 180 degrees on her three wheels, collected her memories, and said that the bodies of humans, themselves made up of fifty minerals, had a certain familiarity with materials that they called inert or inanimate matter." From this premise, a story deploys itself and appears in its necessary effects.

In *Convexities*, Alessandro De Francesco argues that the optics of the convex mirror is no longer a divided field of perception between object and its illusion. Rather, the "interface" and "intraface" suggest convexities in all directions and vectors thus overriding the dualistic and binary notion of mediated selves and their perception and suggesting instead an interface active and augmented "installation" of sorts where the optical center focal

point is moving continuously in relation to its curved margins. Identified as a Baroque device, convexity suggest something important to us at the present since: "This augmentation has nothing of an excess, of a capitalist inflation, of a more, a superfluous addition, but it is an expression of the real, an expansion that creates the possible in the real."

In his text, *Existential Computing – What is a Theory before Dreaming of It*, Miltos Manetas invites to dwell in his intra-space, an existential *topos* between the "real" and actual and the web, cyber and internet space that involves computing: " ...I had an idea – ideas often come to me with a title, and this idea too had a title: 'Existential Computing.' Whenever a good name occurs to me I record it as 'dot.com', 'existentialcomputing.com' ..." His *Existential Computing* is a testimonial confession about the inseparability between the immanent and the transcendent modalities in a post-net existence for agencies of art and artists.

Now, what happens to the textual compositions in their new open cross-narratives as "voices" as a libretto? The multilogue in the right margins of this book, tentatively works not only as the *convexities* or an augmented perception but seems also to be an optical illusion shifting our attention to coding, weaving.

The right margins opening up to a polyphony of "voices" are no longer assigned to a singular text but rather expand and proliferate like a "chat" or a "blog" that enacts a meta-communication, a form of both commuting and communion with a "sacred" text. In a sense the multilogue is a movement against and yet towards the book as a *manu-script* and offering a text composed for ten hands and that brings to the attention the manual aspects of the script and this time around without the "labor" of hands but rather an open play... as with musical instruments, even computer-based, the hands play the composition and in a similar way this book – a manual script – is composed for ten hands that result in many voices.

In the ancient Greek tradition, the Chorus in the theatre and the Dialogue in philosophy (Plato's *Symposium*) set the "stage" for an event or a thought.

sions of the cybernetic agents as they appear in a constant state of flux as the "middle" (transcendent) of media and mediations.

However, the staging is exclusively free of being perceived, namely, the exchanges or sub-dialogues are left out thus turning the stage and the background into the "world" or "text" with its *telos*. The multilogue is a way to resuscitate the genesis or beginning as multiple, as polyphonous and the kind of conversation and conversion between the "authors" awakens an ancient phantasm that germinates perennially in the future.

The multilogue bears witness to the discussions, emails and phone calls, that evolved around the choice of a title; we started with Hephaestus as a source of germination and ventured into ideas and concepts which we could never decide whether to leave out or in since the multilogue being porous "on the boundaries" of the texts became in as much the interior of the texts to the extent that we reloaded the initial title and reinstated Hephaestus; and yes reloaded...

Hephaestus's forging of metals, fire and other technological feats did not stop with the Gods – Hephaestus as their weapon maker – but rather got incorporated into the same plane of *physis* or Nature that forges itself, as an omni-present artifice. If in its Greco-Roman genesis the natural sphere infused all kind of animals together, the so-called mythological creatures, then their movements outside the spheres of *physis* into that of agencies first made a transformational appearance with the possibility of the fusing of animal+machine, then animal+machine+computer, and finally trans- and intra-coded amalgams that are indifferent to the organic/inorganic conceptual divide.

Nonetheless, the new emergent agencies transformed not only their own "languages" to "codes" and resulted in the construction of "worlds" that are, from our century perspective, as immanent and "given" as chairs, trees and forests. Reloading Hephaestus implies not simply the emergence of a new type of technological given but rather the triangulation of "givens" of all kinds with a transcendent energy that orchestrates the background and the foreground of existence that doesn't need any stable and fixed middle ground. Indeed, the trope of *existential computing* locks in its semantic reach the multiple exten–

Watchful Screens
Vladimir D'Amora

I

ask whoever has the keys, how can I keep losing
the possible.]

They are shutting off any potential for action, in
the realm]
of a Sunday afternoon shopping sprawl, among
tin cans for various]

animal species they ignore
their own irreparable cannibalism. Rather they
slaughter one another]
in their consenting within a distance which they
must]

recite their part without a recognizable
face.

We cannot turn off these eyes-screen these
are melted hands
of whoever will stay on the sides to feed on
history, tomorrow,]
in a sticky womb we were born, we, after ages
of a music in petroleum, where to search that
usual]

destination and where, to ban a step
beyond the rubber,
they summoned up akin machines, carried away
by a crushed ogive on a bitch's

The Traveling Body
Adam Berg

The Thought of a Drone

She rarely leaves the house these days. It seems that
the world has entered life not through the doors
and windows, streets and cafes, or parks, but rather
flowing directly into her veins. Watching the news
on a screen again and again reminds her of the role
of fantasy.

Husserl would write about it in a way very different
from her own sense of empathy and surely distinct-
ly different from Heidegger who helped her in editing and bringing to print *The Phenomenology of
Internal Time Consciousness*.

Fantasy like thought for that matter is never lacer-
ated from the cogitating agent.

The immanence of any cogitation involves the act
and object of intending as united in its reality and
unreality. Drones targeting the enemy, eliminating
and removing danger. The empathy she identified
in the space between the living body and itself has
been removed. The fantasy of the body-space has
been replaced with the object-space of a corpse:

Eleos
Brunella Antomarini

"In a sense, the cyborg has no origin sto-
ry in the Western sense."
(Donna Haraway, *Simians, Cyborgs,
Women*)

In order of appearance:

Palomilla: In the 1940s, Norbert Wiener devised and
built Palomilla, a phototropic robot that moves closer
to or farther from the light according to its intensity; it
is both a bedbug (which shuns light) and a moth (which
flies towards it). Excessive light makes the bug tremble
and shrink away – which reproduces purposiveness and
trial-and-error learning. In May 1950, at a show that
Wiener put on at MIT, Palomilla responded to his com-
mands, making mistakes and correcting itself through
two opposed functions, called Moth and Bedbug.[1]

Cora (Conditional Reflex Analogue): a robot built with
parts from the Elsie robot. When it hits an obstacle, this
gives off a whistling sound. And after a number of rep-
etitions, a whistling warns Cora of the presence of the
obstacle, so that it begins to avoid it.[2]

---

[1] Norbert Wiener, *The Human Use of Human Beings* (London: Free Association Books, 1989), 165.

[2] Pierre De Latil, *Thinking by Machine: A Study of Cybernetics* (Cambridge: Riverside Press, 1957), 247.

ADAM (to ALESSANDRO): I'm curious as to what extent art's paradoxical character in assembling/dissembling the real, as you point out, is connected to the transcendent modality
found within the virtual in an expanded sense (after also Deleuze's use of the concept of the virtual). And does it come close to Rancière's notion of art's fictional manifolds that charge
reality with new and often political senses?
ALESSANDRO: In my opinion, a productive paradox is that of an art meant on one hand to adhere to the real and on the other hand to modify it. Therefore Deleuze's notion of

CONVEXITIES
Alessandro De Francesco

often convex volumes weigh down the tree's branches at times they are made of leaves giving rhythm to the air at other times of white condensations excavating galleries the branches then trace vaults passages below elongated wedges

inside the volumes in the interstices excavated by vectors or in the empty den covered by leaves perhaps lenses are positioned embracing a wide range of landscape searching for information

Bending towards the fridge I now perceive two kinds of convexity. This body expanding towards the outside, bulging out of the wall, can contain or seek information, but in one case this convexity is due to the swelling of this pulsation that looks for the real, that tries to touch the real and to come out of itself, from the perception of oneself as identity, in order to create experience and encounter. This convexity can augment perception in the experience of perception: augmented real. And, with it, a non-projected desire, rather actual: love.

EXISTENTIAL COMPUTING
Miltos Manetas

The first of December 2006 was a hard day for me. At some point during the morning of that day, I had an idea – ideas often come to me with a title, and this idea too had a title: "Existential Computing."

Whenever a good name occurs to me I record it as "dot.com," "existentialcomputing.com" – another website...

A website needs content and I spent a good part of the rest of Dec-01-2006 producing content for existentialcomputing.com. The content was supposed to be an illustration of my "good idea" and what's a better way to illustrate something than recording yourself talking about it? So I started making a video and publishing it on YouTube. The problem with publishing something on YouTube, is that you can immediately watch it. Watching something you publish is totally different than simply watching something, especially when the one performing that video is yourself. It's very rare that one likes oneself on a video the first time – especially if one is not a professional actor. I am not a professional actor and I didn't like the way I appeared on that very first *Existential Computing* video that I recorded and published at some point after lunch

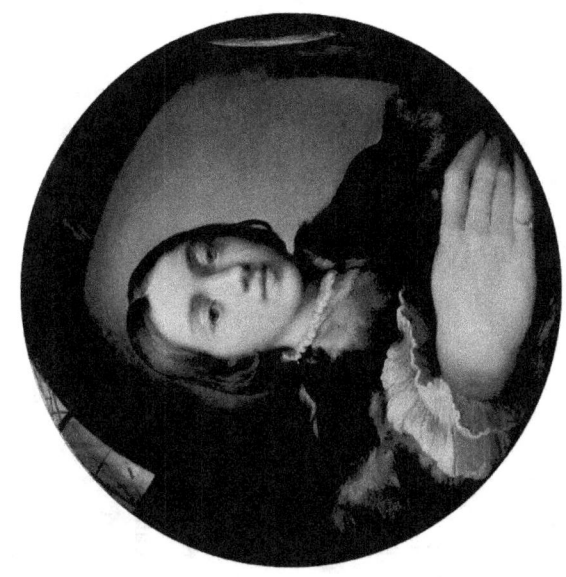

SELF-PORTRAIT IN A CONVEX MIRROR (1523–1524)
OIL ON CONVEX PANEL
FRANCESCO MARIA MAZZOLA DETTO IL PARMIGIANINO

"virtual" or the political level of aesthetics may be different ways to describe an opening toward a "possibility," or toward a series of "possibilities" within the real. Ways to make the impossible possible and, at the same time, the non-verbal verbal.
ADAM: I wonder, if we may infer a difference between data (information) and knowledge not simply based on aspects of redundancy and meaning production (Deleuze's *Difference and Repetition* comes to mind) but of a willful and intentional ignorance of redundancy and repetition as deciding factors of knowledge.

Animaris Currens Ventosa is an artwork created in 2007 by Theo Jansen. This automaton is a large wooden insect with many wind-powered legs. It lives on the seashore and stops moving when water flows around it.

Elsie (Electro-Light-Sensitive-Internal-External) is an electronic tortoise, which William Grey Walter invented around 1948 and called a Machina speculatrix. It feeds on light and rests when it is full. Elsie's sensitivity depends on its internal voltage. Its movements go through three stages: 1) at less than 5.5 volts it seeks the source of light and attaches itself to the power outlet; 2) at more than 7 volts it stops seeking and feeding; and 3) at any point between 5.5 and 7 volts it seeks the maximum light. Each of the three states is possible only because of the previous one.[3]

"Let's meet in the clearing," Palomilla said, amid the forests of former Amazonia, surrounded by the noisy home factories that mark the boundaries between towns and between districts.

"Okay, in the clearing," Cora replied. "And shall we go see Ventosa, who's pregnant?"
"Yes, the drones passed her message on to me; it's really taken her by surprise. There she was on the shores of former Japan, where the water on all sides

3 Ibid., 208.

the damage is done – wars without beginning or end.

A drone is a transliteralization of a prosthetic thought: twice cogitated.

The first time as a flying apparatus hooked and controlled by our neural systems and the second time in fulfilling the fantasy of anihilation, death and violence.

THE TRAVELING BODY

Traveling, as the ancient Egyptian proverb goes, expands one's horizons beyond the scope of reading. And as Lawrence Durrell, the author of *Alexandrian Quartets*, suggests, there is a sixth sense to the experience of landscapes and places that can only be made intelligible through traveling itself.[1]

Nonetheless, one travels through books as well. Or, more precisely through the "voices" found in books, recorded, coded and nowadays transcoded as informational strings or links.

The transcoded voice of Edith Stein is "present" through its traversal of times and spaces and be-

1 Lawrence Durrell, *Spirit of Place: Letters And Essays On Travel* (New York: Open Road Media: 2012), 127.

stone-like open smiles.

not knowing the many skies and whether they are in a vault of an eternally turned-off screen in the twice-aquired blood where universes full of concentration flow and the human age, within the perimeter surrounding joy like evening, paints the outline of each frame, the mottled missing muscle or uncertain dissatisfaction – it's the privilege of these beings cheaply animated and kept at a distance in each potential locking onto itself inside eternally.

Then, we planned a machine for kissing. It was simple, sparkling in the back-side, quite porous in the front-side, where retractile trays were in full view: as we got closer, they would disappear, withdrawing without any clear noise. Kisses would smack, dull intentions would fall down one by one and obfuscate, and so from the individuals that we were, we turned into existence, scattered along the whole range of planned possibilities, deprived of a subject. We played for a long time, we spent hours

ALESSANDRO: I think that the point is in the construction of the experience of a kind of knowledge that goes beyond coded and standardized data. If repetition concerns a code of representation, then it must be subverted. If it concerns a litany, a prayer shifting or augmenting the relationship sense-world, then it is in repetition that you can find subversion, or again, possibility.
ADAM: Can we regard "essere-due" or "being-two" – this non-dualistic duality as a transcendent mode that explains why for example "Facebook" is a metaphorical reality prior to its virtual and immanent modalities? Does Facebook wall reveal something hidden in our normative analogue produced space?

Or well it is a convex objective, a fisheye which collects data and traces an increasingly wide angle of representation, or, better, it gives this possibility to those who are able to exploit it, because there is no representation without editing. The editing occurs afterwards. In the tele-visioned image editing and production do not go together like in a factory; post-production enters the stage. Once left that dark corner in the kitchen, that moment of aperture, a history is built with the collected data. A story that, even when it is not sold as true – no matter then if fiction or journalism –, edits reality after having being edited. Because this story builds up a representation of the real, and, with it, projections of identity, since it is itself based on a preexisting grammatical code.

Art, in this sense, is paradoxical. It is iconoclastic with images, *grammoclastic* with language. And it edits too, certainly less with the readymade than in certain films, yet art seizes portions of the real and isolates them in order to put them in another relation. I will call this paradox *editing paradox*. To cut up the real in another way, against the codes of consensus, against the rhetorics of the spectacle, to cut up the real with language in order to get closer to it, to get closer now, to edit perception against the editing, is this not a way to master the real again? It is about creating experience, but not as interactive entertainment. The interactive installation: another

on Dec-01-2006 in my little apartment on Old Street, 350m away from Hoxton Square in London. So I deleted it and I recorded a second video which I also published only to delete it and then recorded and published a third and then a forth.

In London, in December it gets dark very soon, that day it got dark around 4:30pm. Time passes fast when one records and publishes and at some point, I found myself in the middle of the night exhausted but with a final video that I really liked. Here it is:

h t t p : / / w w w . y o u t u b e . c o m / u s e r / e x i s t e n t i a l c o m p u t i n g

Happy about it, I went to sleep, only to wake up the following morning and realize that this video wasn't describing my initial idea about Existential Computing and that it was instead something on its own, something that during that endless December first had grown into a conversation that "could change the world" and therefore it probably made sense to record and publish it. The original concept of Existential Computing though had disappeared from my memory, the only thing I knew about it at that point, was that it was a great revolutionary–concept and therefore very important to remember. Together with the beginning of that conversation that I had recorded and published on YouTube the night before, the theory of the Existential Computing was one that could change the world!

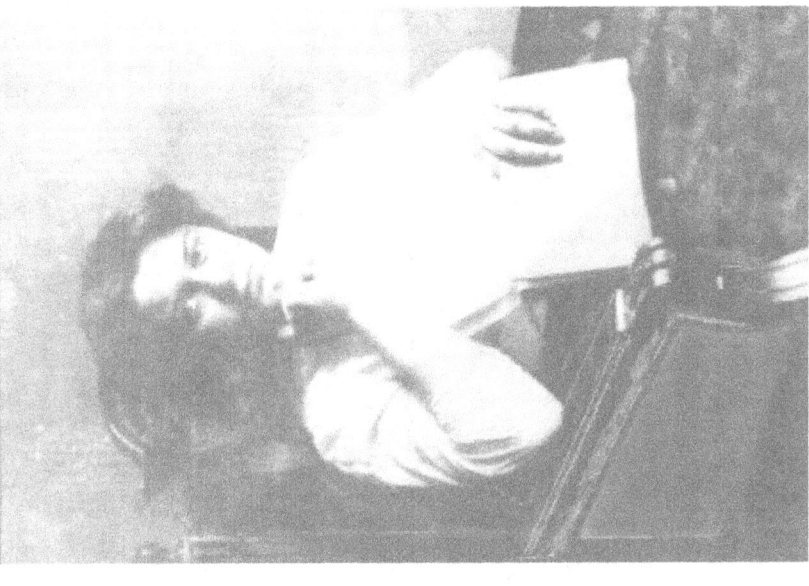

Edith Stein

ALESSANDRO: Facebook, through its "wall," produces dualisms as identities, as spectacles of identity and an encoding of representation. The community that results from it is distorted by its very non-immanence, but it is exactly in its metaphoric nature, standardized as real, that it becomes dangerous. Whereas being-two in the sense I try to describe and that includes also eros or love, is a non-dualistic duality. An encounter, a real encounter, I mean, produces a dismemberment of fixed identities.

is full of plastic and as dense as mercury. And one day she felt she was becoming two – in a process of mitosis that our mechanized lives are not used to."

° ° °

"How can that be, Palomilla? After all, animal species die out and others emerge without any forcing, through the insertion of electronic chips that guide our brain activity in a direction that is the best for all. The autopoietic supersystem automatically detects when it is necessary to obtain or replace living machines, and everything is connected to everything else in our great technological nature, in the pre-established harmony of machines. So, how is it possible that Ventosa is pregnant?"

° ° °

The clearing lies among huge districts divided into wave-length clusters, where sounds bring about spatial changes. Each district is protected by crystal spheres, where everything is recycled into raw materials, means of subsistence and consumption goods, tools and houses, fashion changes, back gardens and genetically modified animal bodies; where production centres produce nothing other than means of production; and where disgust at killing to eat has given way to a more civil simulation of the ecosystem. In antiquity they said that the heavens were made of crystal spheres, but it was

---

yond (transcendent of) her actual life and death and in the immanence of a novel kind of empathy that unravels in virtual and cyber spaces.

For Stein, empathy springs from the "zero point of orientation" of one's body situated and experienced in relation to other bodies and accompanied by the realization that one's own living body (*Leib*) is one among many other bodies (*Körper*) just like one's own.[2]

The traveling voice of Stein reaches new bounds of empathy, other bodies, through the its recoding. The physical body and living body are no longer separated by a spatial/mental binary since they both redirected to a "third" – transcended body; that of transcoding movements into intentions and intending into motion.

Travel has always been situated against the background of other places whereas the body occupies the foreground of travel, even in a forced travel!

To picture a travel without a body involves a transcendent agency that assumes a triangulation be-

2 Edith Stein, *The Collected Works of Edith Stein: Volume III, On The Problem of Empathy*, trans. Waltraut Stein (Washington D.C.: ICS Publications 1989), 35.

---

playing, the game caught tongues and mouth, it constrained us in tides of feelings, simultaneously arousing and putting down. Cultivated empires would collapse and cheerful sentences would rise up. A graceful spell, caught up in spirals of perfect, real but invisible confetti. It was a matter of flaws caught in the dominion of failure. A damned federations of impulses and stresses, flights and functions, bumps and biscuits, the whole amount demanded a transformation without any fold: a gush and a fall, inner war and the rest in plaster. We agreed. That is, we moved on and destroyed the machine. We built another one. Minus mihi in hac re notus sum ipse quam tu.

like a thought, today a word has gone to distant
                         points as if]
the bones
stayed
silent you can't wash off the mourning nor hear
                 that hand in the rustle]
of the screens that hide an unscathed secret and
                  names and scraps]

of a barred essence displayed on a square
in the void of distance we let sullied aqueducts
increase – and life and fight and you
look unharmed
or just tired.

ADAM: And finally, reading your text, *Convexities*, made me question what do we mean by perception if it's never simply direct and unmediated? And as such how much geometry is embedded or embedding perception prior to perceiving?

ALESSANDRO: The point is maybe in the change of paradigm that is suggested by the alternative geometries, from non-Euclidian and n-dimensional geometries to Parmigianino's painting. It is about producing an "augmented" perception of the real in order to reduce the distance, to make the experience more direct and im-mediated. How to produce this?

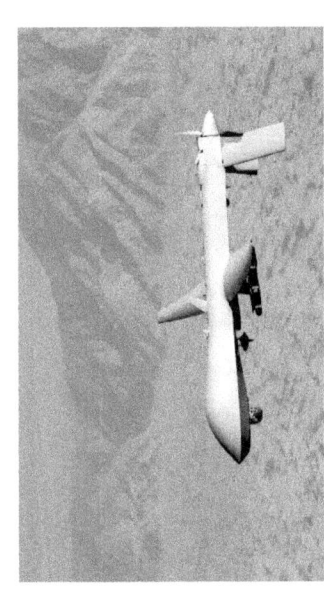

PREDATOR – UNMANNED – UNNAMED

interface-intraface. It is rather about creating experience for a possibility of seeing, better: of feeling. It is perhaps possible to do it even with the screen and its "augmented" extensions.

a transparent thread vibrates doesn't appear to be attached to anything neither above nor below it's hard to tell its length its undulation is not due to the air at times the vibration becomes a quiver other times it is still and seems to wait in time the thickness increases decreases then increases again

There are two ways of becoming as there are two kinds of virtual. Permanently becoming something else has a relation to external forces that transcend us even if we think we made them ours: it is a projection. One becomes something or someone else because one wants, or must, conform himself or herself to models that are themselves permanently changing, also in our mind. Becoming in the real, on the contrary, means to descend into the tube, in the hourglass of veins, to discover that that cloud of thoughts in the morning, still in bed, will contribute months after, together with other clouds and other architectures, to a change. In the first case to become means to become precisely someone else,

So I tried to remember and tried and tried... Nothing.. I had forgotten. I was disappointed about myself, about my memory, about my performative instinct that always requires to record and publish stuff that isn't a direct translation of my thoughts but it is instead – or at least it may become – "the beginning of something."

A year passed and in 2007 – still suffering from a sense of loss about my great Existential Computing idea that now seemed gone forever with only that video on YouTube left, the beginning of conversation that nobody really seemed interested in undertaking, I accepted to hold a seminar, commissioned to me by a young curator, at the Hayward Gallery in London.

"What's the subject of your workshop?" She asked. "Existential Computing." "A subject that I know nothing about. I just remember knowing once..."

On 3-3-2007, starting at 3:33 PM at the Hayward Gallery in London the doors were opened. It was a Presentation Day, supposed to be dedicated to our findings about Existential Computing. After the presentation a party would start. There were no findings though...The seminar had started a few weeks before with very different – quite interesting – people attending, including Malcolm McLaren,

How to induce this? How to encourage this? Art can have a role in such a process. *Convexities* is a plurisemic title: convexity is both that of representation, given by the objective, and that of a bending within which an interstice of possibility is prepared.

ALESSANDRO (to ADAM): While reading your text, I feel that the transcendent and the immanent are situated on the same level.

ADAM: The immanent and the transcendent merely change "positions" or "situations" based on the perception of a "background" or "foreground" of experience. My point in the *Travelling Body* is that the notion of the middle ground is often repressed or and suppressed philosophically. In other words, in her early feminist voice, I found Edith Stein's phenome-

1. I demand your moving mobile bones back
there's an extreme care in your annihilating]
the place of life – from nothingness
to nothingness]

a shiver can only be named between air and home,
my guarded]

home and everyone's flesh where unique
is the screen and it insists

as I remember the uneasiness on my forehead like
one only blow]
of light

2. Today I take over myself the faults of time the
egestas]
shivering in the oblivious shadow and the ground
is smashed]

to the pieces of a shameless
ascesis.

And hereby I'm only a short breathing thread, the
way today]

one breathes out as plexus which disfigures
blood; and on its wake I can urge another
desire that may succeed.

3. the glowworms appropriated to this screen
have easy pieces and are connected]
to an immense frail grip, life was the

---

tween places both real and imaginary that are experienced with or without living bodies and a realm
that is neither perceived nor localized as a place.

Husserl, in his *Cartesian Meditations*, distinguish-
es between two phenomenological categories of
the body articulating the change in the body's relation to movement (*kinesthesis*).

According to Husserl, the living body (*Leib*) and
the physical body (*Körper*) are embodied in the
actions and intentions of one's kinesthetics, one's
interconnected movements, a plexus of movements
which then directly and obliquely coalesce in how
one acts "corporeally (*leiblich*)."[3]

Our alternate picture at the present is made up
from technological navigation interfaces such GPS
(Global Positioning System) that are embedded
into a network before they relate to an experiencing
body. The kinesthetic body (*Körper*) is intertwined
with the experience of kinesthesia by a living body

___
3 Edmund Husserl, *Cartesianische Meditationen und Pariser
Vorträge*, ed. S. Strasser, 2nd edn. (Dordrecht: Kluwer Academic Publishers, 1963), §44, 128. Translated as *Cartesian Meditations: An Introduction to Phenomenology*, trans.
D. Cairns (The Hague: Martinus Nijhoff Publishers, 1960),
213–16.

---

*not a theory of the heavens, rather a predication, or
a poetic construct, on Aristotle's part.*

*The spheres are a sounding box for echoes, for
wave changes, and for the small constant compres-
sions that create tolerable micro-imbalances; undo-
ing one wave in the next, transmitting energy; and
producing life. Music is a tolerable imbalance. The
city is governed by the material void of musical imbalance, which is tolerable if it is constantly changing, if it is generated by machines that turn organic
themselves through penetration by the sound coming from space.*

° ° °

Palomilla, her large round head supported by three
soft wheels, bears the name of her great-great-
grandmother – the robot whose trembling in the
presence of light made her for the first time indistinguishable from organic being. Palomilla turned
to Cora, the semi-organic, semi-mechanical robot
consisting of parts from Elsie, her great-grand-
mother, and said:
"I don't know, Cora, some error in the machine
must have given her a power she didn't have before
– perhaps an imbalance introduced to correct entropic equilibrium, which is the absence of problems. There is always an impulse to react to the

---

nological insight that one's body is positioned between a background "Raum-Körper" and foreground "Raum-Ich" allowing empathy to emerge, an evocative reading that implies two
radical senses: the first, that there is no converging "outside" (e.g. transcendental plane) to the ways in which the immanent and the transcendent modalities of the body are experienced. The second, the extent to which Stein's thinking runs parallel to virtual technologies, you may find in the triangulation of the immanent and transcendent modalities of the body
with the kinesthetic experience of travelling.

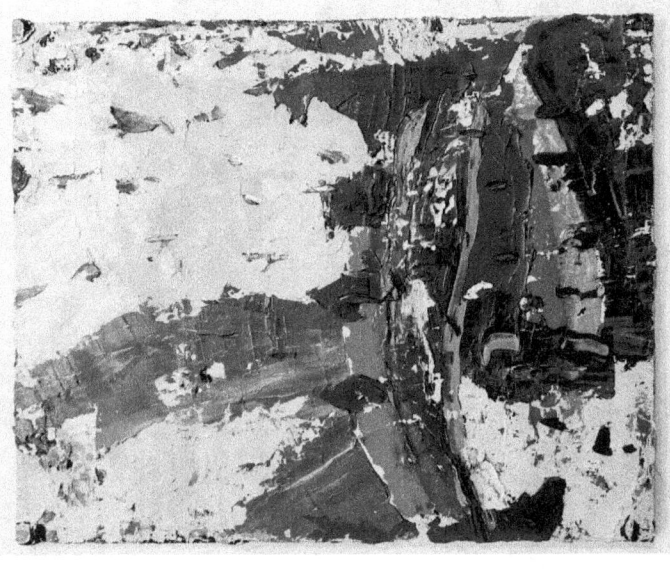

Heartspace (2017), oil on linen
Kaitlin McDonough

in the second to become oneself. To become in the real means to stop on that apnea of perception and enlarge it until flowing. Above all, it means learning to choose, and discovering that what we think today as a choice is not a real one, because it is sold to us as a choice. "To sell" and "as" are two often complementary words.

By the same token, the digital virtual has no relation to the virtual in Deleuze's sense. The first one is – maybe not on an ontological layer, but certainly on a political one (although Pasolini already asked in relation to television where one layer begins and the other ends) – a way of reifying into the interface the projection of the non-chosen becoming. Lately the virtual becomes augmented, thus confirming this process. Augmented reality is not augmented real. Augmented reality does not augment perception, but it simply adds a portion of digital environments to the environments we can already experience. It is a supplement. With devices such as the HMD (head-mounted display) and 3D cinema technology, it tries to reduce the frame that has been traced with the screen since already more than one century, and since a longer time with theatre and painting. Yet the ontological layer remains the same.

To jump in curved space.

the man who invented the Sex Pistols back in the 20th Century.

– Are you expressing a new version of trouble-shooting, a 21st century idea of unhappiness? What a beautiful thing that would be. Malcolm had asked me straight away after his arrival at the Hayward.
– A 21st century idea of unhappiness – strange way to put it! Yes, I do. I had replied.
– It's probably the idea of Existential Computing but I can't tell you much about it. On this seminar we are searching to reconstruct what I had in mind when I thought of it, more than a year ago, but we haven't made much progress.

We were having this conversation at *Waterloo Sunset*, a miniature pavilion that the Canadian artist Dan Graham conceived as a "drop in the middle, for children and old people, and a space for viewing cartoons," which was the space that Hayward Gallery had assigned to my seminar.

Around us there was the city – the *Waterloo Sunset* is a transparent space, trains passing by a few dozen meters from where we were standing, passers-by on a bridge, clouds all around etc. A fair number of useless computers laying on the floor, laptops that the participants of the seminar had brought with them, those days everyone was carrying a computer

ALESSANDRO: Is it possible to "travel without moving," without passing either through drugs as alteration or through the representation and encoding of data that would allow for the creation of an interface/environment necessary to this kind of trip?

ADAM: Yes, interface/surrounding is necessary but not without a transcendent plane that is neither immanent to the environment nor to a particular interface. Hence, "travelling without moving" is an illusory experience that unfolds within a neuro-event, which in itself is constituted by neuronal movements. The decisive moment of travelling is not with or without an actual or hallucinatory movement of the body but rather as taking place outside, inside or on a transcendent plane of the body.

dune melted in the sun and in the vacant
site of another sorrow.

4. Sentient hands and flesh rattled off in this play
                    of gushes]
the screen
is another morning ride crashed into the color
of memories
suited to the syntax
a limb
inside
the sea
each storyless instant was
easy and had exploded.

5. So algebraic and absolute is your
resemblance to atoms of wind, puzzled by threads
                    in humble]
measure, pulled apart in that chaotic
stain of a most useful dough, it is the sun or
                    screen or hook]
to foams in a mechanical correspondence
and desperate.

6. and the senses and fear inside the earth and on
                    my wrists in the dear]
texture of screen-myths
and smiles

(*Leib*) and such nexus is entangled when, say, a virtual GPS inverts the causal relations between the two and the outside and inside are regulated by the same kinesthetic forces. Such obliterating forces of movement undermine the double structure of the body as living and as physical.

The twofoldedness of the living body and the physical body is manifested in the genesis of the sensation of feeling and empathy onto which the "I" becomes a relational positioning or bridging between the two. Here "I" turns not into a construct of fixity such as "ego" but rather a linking directional and intentional act. In this context it is important to note Edith Stein's elaboration on empathy reminding us that one's living body (*Leib*) is experiencing its different limbs (and organs) in a manner categorically different from perceiving other bodies beside one's own. Such categorical difference marks the boundaries between one's sense of "body-space" (*Leibraum*) and the perception of "outer space" that together constitute a twofold that bridges the "double giveness" of the experience of space as it is rendered both immanent and transcendent in its bounds and content, fullness and emptiness, and as such situates one's body both as located in "outer space" and as given in the "body-space."[4]

---

entropic tendency. Are we not still children of an impulsive tropism, of that homeostatic hunger that gave us inner movement, vital force, and life itself?"
"You mean, what humans used to call freedom?"
"Yes, the freedom of attraction and repulsion in the face of light and heat."

∘ ∘ ∘

"Whether the machine is alive or not, is semantic."
(Norbert Wiener, *The Human Use of Human Beings*)

It began with the lever: the tool that raises an object too heavy for a human arm to lift, and therefore works instead of the arm. In measuring the distance between a fixed point and the object to be moved, people began to delegate their own freedom to machines: the greater the distance between organism and object, the easier it was to move the object. Hence, the lesser the human intervention, the greater was the freedom given over to the machine. A simple stick, converted into a tool, became the master of human strength. Then came pincers, then Gerolamo Cardano's universal joint, the first slave-mechanism. Although the organism used the surrounding world as its tool, the tool was an organic-mechanical complex.

∘ ∘ ∘

---

4 Stein, *The Collected Works of Edith Stein: Volume III*, 35.

ALESSANDRO: What you call "gradations" can be seen as a way to deconstruct individual identity through a kinesthetic notion of body? Or else, through the anti-psychologism of a synthetic voice, as "the voice of Stephen Hawking?"
ADAM: Both. We are just beginning to catch up with the inner worlds of movements of technological interfaces and networks that often result the stiffening of the living body (e.g. think of our neck and spine problems caused by a pc or a pad).

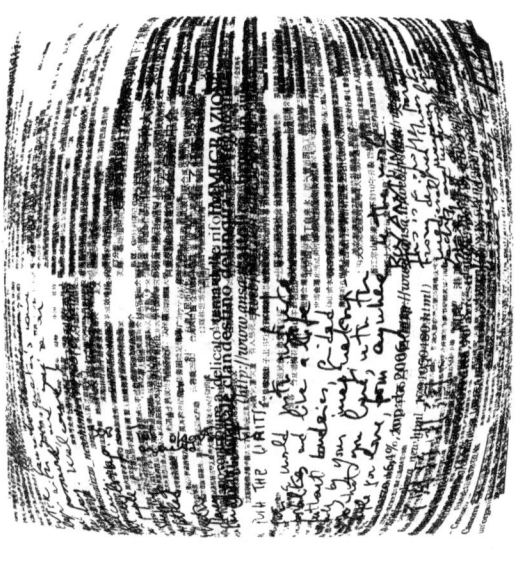

Augmented Writing – AWL_1 (2010)
Alessandro De Francesco

As with cellphones the screen becomes a much more direct prothesis, even though it remains frontal, for now. The interface progressively becomes an intraface. This way the projection reifies itself and reality, independently from its cognitive level, tends to become the real. Tends. Tents, moving with the night's wind. The window is open, torn apart, it is a hole and a sphere too, a convex abyss, an objective rather than a perspective.

Instead, with the other virtual a scenario of possibility within the real unfolds itself. Also because possibility can't exist but in the real, otherwise it is not possibility, it is representation. Imagination is not imagery, it is not a projecting *koinè* made on the basis of a linking algorithm; in this virtual world the HMD is made of flesh, it has no definite form and disappears in the brain: it is a way of looking without image. This other virtual is virtual because it proposes an alternative which does neither belong to a code nor to a criterion. There is neither canon nor democratic consensus, the community would rather be united in possibility.

Hence, there are two very well differentiated kinds of non-dualism. Or, better, non-dualism 1, that I will call non-dualism 2 because it is a dualism (I should have inverted the order of the two forms of becoming and of virtual as well, in order to make everything clear, but when everything is clear…),

everywhere… They were useless because they were digital, simply translating reality to Ones and Zeros and there's not much you can do with two bits other than collecting more of them. Indeed Malcolm, who wasn't "a collector" at all, had never been a fan of digital computers and he had always kept a distance from them. But he was curious about very young people using computers, he believed that kids between 4 and 11 years old could be doing amazing things with them. The rumour that some kids around that age, who could manipulate computers fantastically, were following me, was what brought him to my seminar, but, alas, it was just a rumour! Only people that were already over 20 years old used to be interested on what I was trying to do. And not only there were no little kids involved, but a cat was also missing. I had asked the organisers to provide me with a cat, explaining to them – without success – that a cat was a very essential element for this particular seminar. "Without a cat, not much can be done" I had told them but they had not believed me and somehow, I had not trusted my own statement either and I had accepted to do the seminar without the cat.

I had brought to the *Waterloo Sunset* all kind of things I thought would help reconstructing the idea of the Existential Computing. Neen-Manifesto posters, Neen-animations, made by Neensters who were unfortunately already over 20 years old, evoc-

The voice of Stephen Hawking is one "small" but hopeful victory, through which the handicapped and debellated body is transcoded into a kinesthetic outlets that are heard as speech and generate oddly enough empathy in this cold cosmic space of ours.
ADAM (to BRUNELLA): It seems that one of the tacit yet overpowering senses from your text – *ELEOS* is that sexuality and more specifically the relation between feminism and the cyborg or robotical body goes beyond the binary-barrier that grapples with and instead seem to offer a triangulation with the cyborg. In that sense, a transcendent Palomilla is never gendered, right?

everything, I say everything
is too wide
and yours, too.

1. We cannot grow up together. It's the sunset;
and]
all wind
has dissipated. Non of your eyes ever push to the
bottom]
of our lines. We pretended; and now there's a
forgotten]
reason left, that white image does not come back,
untouched.]

Renouncing peace
separate]
was all we had. Now a partition of faces and a

life outside, and we'll miss those simple degrees
of a planned resemblance. And we're
leaving and this is what's left
at the beginning
as a new illusion.

2. From out there, the simple idols. Falling in
somno cleared]
and ceasing to exist. But in the continuous
delight at the boundaries, translating over
a injured image, hours gone by
as if

Virtual technologies and their connectivity to networks allow a new form of transcendent agents that interchangeably replace the living body's sense of movement (and travel) with the physical sensation of movement – kinesthetic sensation. In other words, in a virtual travel the "body-space" (*Leibraum*) and the "outer-space" become indistinguishable through the sentient and cognizant "I."

This categorical entanglement between *Körper* and *Leib* may have been commonplace in pre-historical times when nomadic movements of hunters/gatherers societies had not yet stabilized into their *habitus*. Insofar as *habitus* signifies the structuring of history and memory within society it also implies, as Pierre Bourdieu argued, a forgetting of behavioral patterns. And if the "forgotten" purpose of memes is now individualized, the "concealment" of the relations to body-practices is further problematized once systems and networks (think of social media such as Facebook or Twitter) dissolves *habitus* into social trends which are in themselves social mass movements, mass-kinesthetic streams.

We are now, by means of new technologies and social media, traveling bodies.

Today, such transcendent agents are evident in either the triangulation of body and travel in a con-

---

The lever – the beginning of their end, our pre-history – limited or spared the use of muscle; it marked the triumph of fragility, which could now survive without having to rely on strength. Humanity became ever more comfortable and passive.

The lever: the Titan among gods and humans; that is, among humans and machines.

° ° °

"Humans were slow, did not emit electricity or short waves, as we do; they were made of proteins and complex molecules, stable but with less energy than our simple molecules. We strike targets fast and true; they used to spend ages dwelling on the past and inventing the future."

"There has never been nature without technology or humanity without machines."

"Don't you remember what we used to say about them, in that brief juncture that for them was a whole transitional epoch?"

"They thought they could make an even more precise image of themselves."

"And what happened instead?"

"The image was more and more imperfect; it vanished in the face of ours. It was we who were their completion."

° ° °

BRUNELLA: If I understand your question, Palomilla is a being that, creatively emerging from human technology, doesn't have a sex, as we know it. And when Ventosa gives birth to a human (thank to that kind of feedback loop that is described all over the text), they themselves do not understand what's happening. This is the "transcendent…"
ADAM: Your contention regarding transcendence strikes me as crucial to decoding the "origin" of Palomilla (as a cypher also and only as a protagonist/antagonist).
BRUNELLA: Transcendence is the measure of the need to avoid the ending of movement.

it is precisely not a non-dualism. Non-dualism 2 is in a way the one of the cyborg. Thierry Hoquet believes that a "cyborg-philosophy" means "to think against dualisms,"[1] or at least to introduce a perturbation in thought, but he forgets representation. If the cyborg exists, then it is simply part of the existent; the fact that it is difficult to decide whether the prothesis is the organic or inorganic part is a secondary problem, that I will leave to the cyborg, who has already many problems by the way. If then such a cyborg manages to free itself from dualism as construction of a consensus of imagery, representation, and (pseudo)choice, so much the better. If the cyborg does not exist or exists as concept, then it cannot move the old categories at all. Rather than a non-dualism, it is in this case a metaphor (which is the dualist figure par excellence), i.e. a projection of union of opposites unable to introduce any perturbation in the script.

at the amsterdam central station the ovoid yellow plastic box protects the circuits placing the lens in relation to the surveillance screen and probably the motor too enabling the camera's rotation   the curve of this object bulging from the ceiling and the color of its surface make it visible to all the data is recorded

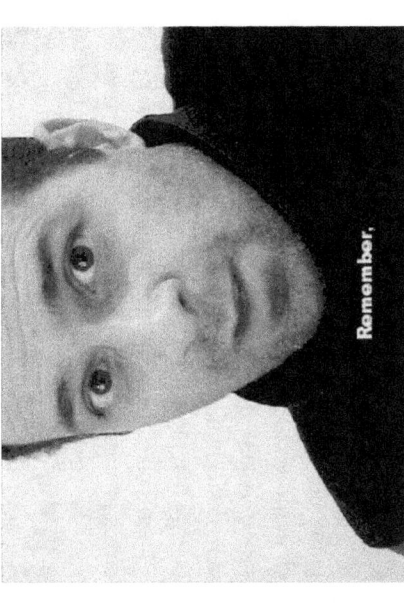

Existential Computing (2007), video still
Miltos Manetas

ative objects and talismans but above all, I had tried to bring "the internet!"

It sounds quite absurd today, but in those days there was no network at The Hayward and the curators were quite happy to try and provide that.

They didn't succeed though. Supplying an internet connection to a public space in London was in 2006 a more complicated thing that you would have ever thought and the connection arrived too late, once that my seminar was over. "Not having Internet in a place means that this place exists in an earlier time but definitely not in 2006," I remember writing to the curators. "It's fine though, let's try to do the Seminar in a date before 1994."

Even if the web didn't exist then, the internet was there and the ideas of Existential Computing might have very well been conceived by someone already.

So we started... "I don't know what I am talking about" – I said to my guests and described how Existential Computing had landed to me but then it had disappeared leaving behind only that single video. "Let's run this video and look at it together. Its a 3 minutes long video, 3 minutes and seven seconds to be exact."

– Hi. I say as the video starts..

1 Thierry Hocquet, *Cyborg philosophie: penser contre les dualismes* (Paris: Seuil, 2011).

The deflecting-accelerating (the task of the governor in machines and in nature) device is omni-pervasive, used as a means to unify these two seemingly opposite worlds: the natural-human and technical-mechanical.

ADAM: Do you think that the transcendent that you invoke here with its lamenting undertones is a manifestation of an arcane "pietà" that preceded the organic one and like your quote of Jimi Hendrix ("Will the wind ever remember / The names it has blown in the past") is now possible to encounter again through the mediation/interface of the cyborg?

chased by the sun.

And as we get close to tedium, almost to dignity: we are transformed
as I will grow in images until the next, ethereal mission
among the magic of reveries and an accomplished surrender.

3. without designating names for names, in a handful of seastones
they looked for a self they lost, fettered to a time new, like children to the mythic
image-clips, they remained at the window after lifting mirrors
from the walls
through the heart-beat.

4. but now they're turning actual and lonely in   the visible]
of a most powerful clarity and as impeccable
as a star, they guard
cervical solitudes or a solid image

and elsewhere eyeless, from the darkness
of a postponed end they extract
sorrow from the earth, themselves or humid
gifts exchanging leaves
that have been translated and imbued

---

stant flux, as a vacillating dynamics between back-ground and foreground, or and perhaps as result of the tyranny of the middle-ground (system networks like the Internet) which have equally eliminated horizons as stable conditions.

The constant horizons once stable, the village's or town's panoramic views – Leopardi's Recanati – are replaced with receding backgrounds (past and future horizons) depending on the localization of the gaze and its immersive foreground that becomes the one of the many possible facades of the system network's middle-ground.

The transcendent agency is ineffable and can be recorded only in fragments. In his *Harts Journey*, Heinrich Heine asserts that the fragment is an inherent object and "essence" of travel. The fragment as connected to travel not only suggests the inevitability of movements and change as it intersects one's body and perception, but also, most importantly, as the means by which travel is *collected* and *recollected* through the fragment as a binding link.[5]

Heinrich Heine's *Pictures of Travel* is not simply a travel memoir with poetic invocations but more-

---

5 Heinrich Heine, *Pictures of Travel*, trans. Charles Godfrey Leland (Philadelphia & New York: John Weik, 1856), 78.

"To every probability there is an opposite possibility."
(David Hume, *A Treatise on Human Nature*)

"Then they invented a lever that performed a kind of secondary movement, one following on from the first movement (lifting) and repeating it. With this they discovered feedback. It might happen that the tool, in enabling an object to move, also produced a reaction that caused that movement to repeat itself."
"For example?"
"Well, take the aeolipile invented by Heron of Alexandria in the first century AD. When this hollow metal ball was suspended over a pot of boiling water on a fire, steam entered the cavity and exited it through two holes into a pair of tubes, thereby causing the ball to rotate. It was the first steam-engine, the first herald of our birth. The human hand transmitted the initial impetus, but then the machine no longer had any need of it. The thinking went into that empty space waiting to be filled, homeostatically; it was the air, the wind, which converted mechanical energy into kinetic energy – the energy that moved space.

"Then came the pendulum, the water clock, the crook string used in mills, the combustion engine, and the first robots developed by Giovanbattista della Porta, Vaucanson, Kempelen, and Manzetti.

BRUNELLA: Yes, I like the way you put it. But encountering our origin is also encountering our end. It's a kind of future ancestrality. Of course there's much irony in the text. I hope it's clear.
ADAM: Is there a "choreographic" structure that involves not only movements but also dance as a ballet of oscillations that takes us beyond the horizon of organic bodies?
BRUNELLA: Yes, there is a global oscillation of the super-organism of nature-technique that involves the same dynamic of a dancer; losing and regaining equilibrium at any instant –

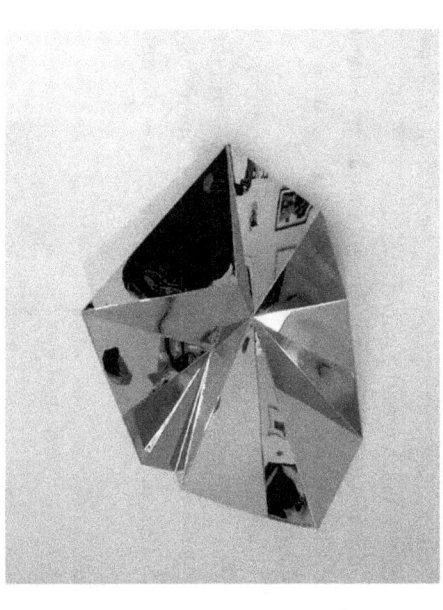

INFINITE STAR MANIFOLD (2007), STAINLESS STEEL
ADAM BERG

To think against dualism, or better beyond dualism, requires a much more sophisticated and in a way tormented operation. The more we will have been used to interfaces and intrafaces, the more tormented it will be. The union human-machine, from William Gibson to Kraftwerk, does not belong in itself to a non-dualistic narrative. It belongs to it only if this union, whether prothesic or frontal, additional (like in the HMD) or incarnating (like in the cyborg), fosters a critic of representation. To think in a non-dualist way has only to do with becoming and with possibility. It is both a cognitive and political factor, indissolubly, because in non-dualism perception is connected to choice.

It is about introducing oneself in the oesophagus, in information, in the script, and to handle with extreme care and concern the materials that are given to us.

The risk is big: data is given by external forces which transcend us and the machines themselves, just like stock exchange transcends economy. Even the subjectivities, if any, that provide data are transcended by it, given by data. Data is a mutating organism which rarely knows its total architecture and is much more conscious of its contingent formations, of its information canned in prefabricated algorithms, as language in journalism is already formatted in order to transmit information in a certain

– Hi. This is Miltos Manetas.
– This is a conversation. It's between you and me. At any point, when you have something to say, please pause this video and record your message. Then post it on YouTube and send me the link so I can reply to you.
– I want to give a theme to our conversation. That theme is our new life. It's a complex theme, it has to do with our intelligent machines. That's what I call Existential Computing, it has to do with our perception of reality.
– There's new information today about reality. According to many scientists, we live in a Multiverse. There are many versions of ourselves, each of them inhabiting a parallel world. Also, according to a few but quite respected scientists, time doesn't flow. Everything that is possible, has already happened somewhere and what we perceive as change, it's some kind of illusion.
– Until yesterday, such ideas were esoteric but today, it is the observation of the world that tell us so. Therefore, we should start thinking differently, start living our lives differently. Maybe we need to modify our language, maybe we need new words to say to ourself that what's now happening, is also not happening. That there is an instant person of me who is recording this message and there is another who doesn't. And that I am both of them and many other too.
– Maybe your questions – or my answers – will be

and without that instant of imbalance-error, no body could dance! This reminds me of Kleist about the marionette being the perfect dancer. And also a beautiful essay by Paul Virilio about dance using imbalance to defy gravity.

ADAM (to MILTOS): Like a missing character in an absurd play, such Pirandello's *author* or Beckett's *Godot*, the presence of absence is stronger than the fully immanent sign and that's how I perceive "existential computing" – a presence of a specter but of a different kind. It seems to me that you are constructing/weaving the web around it through the shadow of technology itself, right?

WATCHFUL SCREENS

with life
in hac trama.

5. the usual flesh distracted by hooks
astonished by poor
translations and by light.

6. then an image passed by more than an
extenuated]
shot in a singing group, motionless
the image slowly zoomed
as if replaced by a background
image, that is, from the painting of an interior
a scene peeks out and covers the fixed
image-economy: as a homage
to the music of youth, to audience
replaced by a private life without any
violence simply leaving it at ease
in meaning the ordinary
potency
of a survivor that
insists in seeking revenge, in staring at
evil.

1. Through self-repairing images
the human withdrew into its face, without
growing – any longer.]
But
this immense and solicitous situation of the vain

THE TRAVELING BODY

over an attempt to map the transcendent agency of traveling with poetry. The "union" between fragments is a transcendent point to at least two other points of reference in the journey, the traveler and her/his own body and the records/memories in pictures, mental images that turn out to be "outer bodies" and that need not "a sixth sense" (as Durrell reminds us) but rather a *tuning in* to the traveling body as a continuous and uninterrupted flow.

For poets, immanence and transcendence are not simply the opposite manifestations of our vision of the world that in theologico-ontological terms become infinitely long in distances as we traverse the senses of encounters; and to which traditionally pilgrimage served as the union between the two.

The traveling body in historical times involved categories complementary to immanence, categories which signified transcendent senses of places, peoples, creatures and myths. Like in Italo Calvino's retelling of Marco Polo's tales of "cities," the fragments of real encounters and memories mingle with imaginary tales forming a tapestry of a transcendent object of travel. The immanence of Marco Polo and Kublai Kahn becomes contingent on their transcendent senses in their counterfactual fabled narratives.

ELEOS

Finally, there were our grandmothers, like Elsie, the phototropic robot in constant, oscillating movement, which ceaselessly sought equilibrium because of the disequilibrium that made it move. They were fully ready for the trembling, the indecision, that signified a capacity to learn, self-correct and evolve. They explored the world with a blind man's groping, but they sought out the light as if they had eyes. They went toward something, as if they had a goal, as if they had will and freedom. They transcended themselves.

"They provided the opportunity for the great metaphors of humanity."

"No more than metaphors. In reality they were *effectors*:[4] effects that became causes of their cause, turning outputs into inputs, creating movement, disequilibrium, the quest for equilibrium, and so forth."

"The greatest metaphor was the idea of a prime cause. The law of the universe."

"But in fact those were only opportunities – local causes and local feedbacks regulating an excess of energy."

"They didn't know it, but to transcend meant to reduce the excess of energy, to rectify or control the deviation of a tool from its ideal state, in such a way as to make it adopt a right position which, though

---

4 De Latil, *Thinking by Machine*, 87.

MILTOS: Remember Dionysus saying at a Pasolini film "There's no nature in Nature my son…" Well, there's no technology in Technology either. This confusion started– together with technology– back in the caves. Back then, we people started tracing our shadows – and the shadows of the "other people" we now call animals. I believe they had been tracing these forms over the walls of the caves, not for any magic or spiritual reason but simply because it was possible and those cave-walls had recently became "home" once the discovery of how to light up a fire indoors occurred. That fire would have produced light and hence shadows.

way, with a sure effect on the doxa. But who is the subject of this knowledge? After all, journalists are mere executors of their language, they are spoken by their language. To speak or to be spoken, the typical major problem about which talks, among others, Robert Blaser quoted by Judith Balso.

It is then about appropriating language, today more than ever. Not only by learning it, but by blowing it up in order to create our own language.

We were all in the dark. Some lulled
by ignorance to sleep; and paid
musicians made shameful sleep sweet.
Those who were awake stole honors,
stuff, blood, or made themselves spouses
of every sex; and derided the unfortunate people.
I turned on a light: there! Like a swarm of exposed bees,
deprived of their advantageous night,
thieves and the envious took revenge on me,
their wages interrupted and the joys
the ugly dozers got from their bestial sleep.
The sheep went along with the wolves
against the valiant sheepdogs;
then they became the prey of their own greedy entrails.

Tommaso Campanella[2]

2 Tommaso Campanella, *Selected Philosophical Poems of Tommaso Campanella*, trans. Sherry Roush (London and Chicago: University of Chicago Press, 2011), 143.

inspiring. Remember, that in another universe, it's you the one who started this conversation. I left that video playing on loop, turned my back to my guests and started hanging Neen Manifesto posters all around. The writing on them stated:

"Miltos A Few Things Alcune I know Cose Che Manetas Conosco Circa About il Neen."

That poster was speaking in two languages, English and Italian. The Dutch graphic design studio Experimental Jetset had taught the poster to do so. English is spoken in RED and Italian in BLU. I always felt stuck somehow into that poster, as my name and last name are written in black – which I suppose is a sliding door between the red and the blu universe! As I was hanging the Manifestos on the glass walls, I started reading them and my eyes went directly to the following:

"Our official theories about reality, such as quantum physics, have proved that the taste of life is the taste of simulation. Machines help us feel comfortable with this condition as they simulate the simulation that we call nature. Opening the door of your room, or clicking on a folder on your computer's desktop, will send you to similar destinations. These are two versions of reality that are seemingly perfect and dense, but they will start dissolving once you start analysing them."

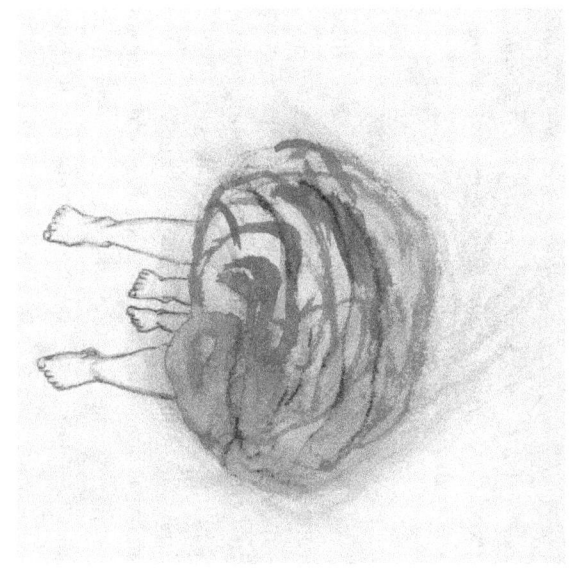

UNDERTOW 4 (2017), INK AND WATERCOLOR
TONI SERRATELLI

ADAM: The "art world" and "multiverse" are – like in a Borges's story – both originate and bifurcate from the same mind or brain, or concept, or social matrix which is neither literally a *computer* nor an existence in its ontologically opaque sense.
MILTOS: It was at that very point that humanity was captured, exactly over these cave-walls! I suppose that suddenly everything else start making make little sense for the cave man in comparison… Technology means indeed "systematic treatment of an art:" how to continue scribbling the diary of our misery. Computers and Networks may very well be our first

WATCHFUL SCREENS

touches us with its net
a non historical urge
and more organic than the gesture is a quarry
of impossible crop – it turns us in its incessant
shroud as if a genesis
of readjusted life.

2. the net is 1 to 1. A cage fastened to the body
wherever it wraps with silent sun, tomorrow
as an incandescent iron without blacksmith – By
                                                    now –]

a dream, a distance of a blind spur
hopeless of truth?

3. Neither thorns nor years of silence
kept in the tongue in that soul pushing
to a black color, at the confinements you're
                                                    naturally born]
more like language or a friend, over time over this
                                                    tension]

you gave a name not just to our desert
but to our senseless waste in the net
that grows oblivious

and screens
it's not possible
to open what is closed,
the tongue stays dead
in the salt.

THE TRAVELING BODY

Travel literature is the first meta-fictional genre of writing precisely since it is the bridging/narrating of *travel* with *body*.

An image of the transcendent emerges in travel through the topoi and relations of the body. In travel we retain the body as a place of sustenance in the same way that the frame of a photographic lens retains and "feeds" aperceptual constancy, namely, that which lies from without the content of perception and sets it up into a scenic event.

The traveler is perennially chained to her or his body and this *vinculum* is even more present through virtual interfaces where tele-presence defines both the gliding axes of travel-time and of body-time. The *vinculum* of travel and body is both a condition and relation to "something else" – something other than itself.

THE VINCULUM AS BODY

"Vinculum hoc non est corpus, licet in corpora versetur; idem denim hodie form sum, cras casu aliquo foedum. Unde aliud form sum, aliud corpus, aliud vinculum. Id autem est vinculum tum ad partes corporis concinnandas, ratione quadam

ELEOS

not ideal, prompted a further adjustment, and so on."

"Transcendence is the measure of the error needed to avoid the end of movement."

"Cybernetics comes from the Greek *kubernetes*: to 'steer,' as in to steer a ship."

° ° °

Being alive is the effect emancipated from its cause, and transcendence is the effect going beyond its own origin: it is reciprocal compensation, causation and obstruction, within a mechanism. This also happens in the mineral world: stones in a river are smoothed by the water, and this allows the water to flow without breaking its banks. The stones are effects of the water, but also effectors of the existence of rivers and seas. The water flow is self-regulating, thanks to emancipation of the stone that changes from passive energy into active energy.

° ° °

"And when did they build us in the image of their capacity for foresight?"

"It happened when they noticed the echo function in their bodies. In machines, the echo is the equivalent of foresight – it stops when it strikes the object."

"The first machine with this mechanism had the military function, in the Second World War, of predicting the reaction of an enemy aircraft. It was a scenario with one machine and two nervous

step out of that labyrinth, just only now, for the very first time the Cave is different, now humanity's walls are made digitally. Even more, the spell of this new "magic" is not as strong as that of the old "natural magic." That's also because now we know how and when this new mega-wall started (in 1969) and who build it (ourselves, the Digital Valley guys etc.) We also know how exactly its matrix works. We'll just need to drop the myth of technology/renovation/spirituality/art altogether to finally move into a surprisingly comfortable Multiverse! ADAM: What is the "X" factor of both computing and being? Perhaps, indicative of the Greek philosophical trace turned into the Latinate transcendent "outside"? Is indeed the "X" the marking of outside, of eXternity? X-sistence is always "outside" of being or becoming; in a sense that even Heidegger's Pre-Socratics construed in a primordial sense the being or

In all this there is a visible problem, well seen by the Baroque. Where does augmentation begin and where does distortion end? Or well, even more simply put: is augmentation distortion? And is the subversion of the code on the side of augmentation or of distortion? And, finally, what is distortion as a concept?

The famous mannerist painting *Self-Portrait in a Convex Mirror*, by Francesco Maria Mazzola known as Il Parmigianino, is not a normal painting. Not only because a painting, as the window up on the left seems to remind, is square or rectangular, especially at that time. But also because the image is in reality painted on a wooden hemisphere. The image becomes object, from two to three dimensions it ventures into the real, it bulges towards the real thanks to Francesco's hand painting himself, this hand that John Ashbery compares to a whale, this hand-prothesis with the paintbrush-prothesis of a Cyborg-Parmigianino, this hand bigger than anything else, tracing the gesture of salvation. That is why there is more augmentation than distortion here, augmentation of life.

Yet, in order to realize this work Mazzola placed himself in front of a convex mirror, looked at himself, reflected himself on this distorting device together with the room behind. Does then the mirror distort, and the artist's hand augment? There

and

"in NEEN, you are a kind of screen."

The manifesto was closing with the following:

"If Fantasy brought Surrealists to the Ridiculous, and Revolution drove communists to Failure, it would be curious to observe where Computing is bringing NEEN."

I looked at my guests. It was a very diverse group. A lady on her 50s, a guy about 40 years old getting bald, a few student-looking guys in their twenties, an Asian guy and a girl looking like the proverbial twins that had never before met each other, someone who was still wearing long hair, an exhausted working-class hero of undefined age.

It looked to be the perfect group, perfect to help you find something forgotten, the only thing I had to do was to restrain myself from teaching them even a single thing. I shouldn't even show them the neen animations that I had brought with me, hanging those Manifesto was already a lot.

— Look, let's each of us start searching for Existential Computing, by making something, anything, on the computer.

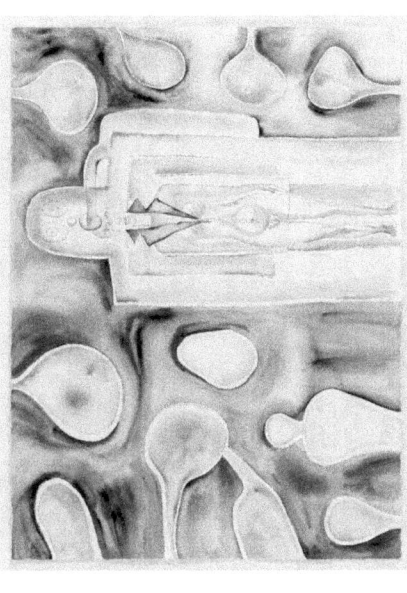

SPACE MAIDEN (2016), WATERCOLOR ON PAPER
DONNA MOYLAN

becoming of the world/s or the world/s of beings and becomings as inseparable? This oXymoron of eXsistence is reintroduced through coding, computing? And this time around as a transcendent form of the reality of absent present or present absence?

MILTOS: As for the "X" factor "of both, computing and being," it may very well be simply "time!" Say you have an important appointment with someone in two hours. You don't really

incorporea, tum etiam ad aliquid ea ratione trahendum ad corpus."⁶

In his tractate, *De Vinculis in Genere*, Giordano Bruno contends that the *vinculum* or bond is not a body, even though it is turning up in the body in same way in which Husserl distinguished between the physical and living body, the bodily bonds are relations between the body to itself, or the elements of the body to and between themselves. For Bruno what ties or bonds the body is something else than the parts of the body.

The bond or *vinculum* of the body as a whole as well as the parts of the body is to a large extent incorporeal. And yet, there is something of the body that pulls the corporeal bonds (*vinculis*) outside the sphere of the physical body. This in part might explain the colonial fascination with other people's bodies, as in the case of the *dis-covery* (or *un-covering*) of Asia, America or Africa as body-territory with body-bonds of *other kinds of bodies.*

The body is un-covered through the agencies or impulse of travel.
I know of many travelers for whom the peak of their travel to India is in encountering the burning of

systems: the machine measured how the enemy aircraft would change position as its pilot reacted instinctively, and since the machine *knew* this in advance it could open fire not at where the aircraft was but at where it would probably be as a result of the change in position resulting from the enemy pilot's emotional response. The machine put feelers into space and felt the presence of the target. As the number of targets increased, the machine modified the structure of its feedback mechanism, so that it automatically aimed more often at the more likely (more frequent) position of the enemy aircraft than at less likely ones. The mechanism learned, in the sense that it turned to where it found less resistance to its own reaction. Similarly, water flows where it meets the least resistance, even though it does not know where that will happen."

"Yes, the telescope, the computer, and the Web were also invented for military purposes..."
"So, plotting the echo became a kind of feedback. We began to remember and to give ourselves instructions."

○ ○ ○

And the effector that produces us our own organs, then builds organ-producing machines for itself: there is no external origin to this dynamic, or, if there is, it is the energy source of the feedback effect, with-

4. yet a void prevails and nothing
is more frightful than a skinned and tactile
desire for an astute hunt
this de-creation upon this
face like cracking
in stitching itself to a seamless and spinal
region – we live, and the dream
of the thing exhausts us in our heads and in our
words, as separate stitches we skim through the
                        net and nothing –]
on the corner nothing and for another,
gifted sense.

5. Days left without the net, living in an intimate
                                span]
of time

Logic is a pure constitution and chosen always
from outside: always for once.

On the phone, physical distant places insist
and dressed up shifter

Unreported, I swell up in my silence, in my hour,
                                   thus]
I
do not cry any longer

Callings, quotations, pursuits and the entity
of forgetfulness

6 Giordano Bruno, *De Vinculis in Genere, Giordano Bruno Collected Works (Book 5)* (CreateSpace, 2018), 265.

need a watch: 119 minutes from now, something inside you will let you know that you have just a minute left for your meeting; we all know "Time," we just need to stop pretending we don't... In that sense, Time could be the future of computing.
ADAM (to VLADIMIR): I thought, as I read your text, of the myth of Perseus and Medusa in his flight and rescue of Andromeda – an equally horrific and conflicted sense of rescue!
He, Pursues, manages to decapitate the Medusa's head (Nature) by deflecting his gaze onto Athena's shield / screen: an act of technological wizardry! This is a relief and horror simul-

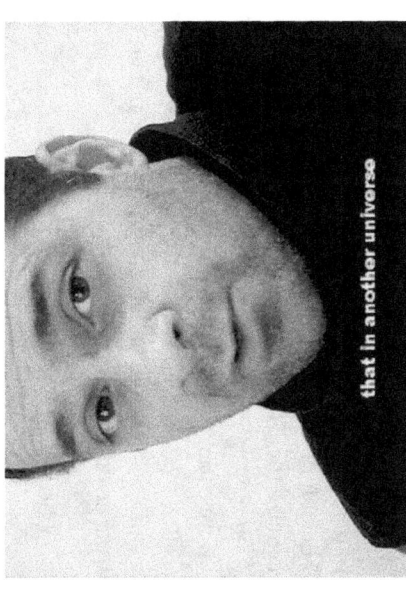

EXISTENTIAL COMPUTING (2007), VIDEO STILL
MILTOS MANETAS

perhaps Mazzola got to know himself, discovered himself, not really by looking at his image distorted in the mirror, but rather by tracing this augmented union between himself and the environment, the room behind with the window, this extraordinary room, a post-euclidian room where the script undergoes an irreversible perturbation, and identity as well. The serene *gaze* of the young Francesco suggests that something has been discovered in this expansion of perception, first of all of himself, of himself in relation to the environment, in this passage from two to three dimensions which is nothing but a becoming as becoming oneself, in this geometry that creates a possibility. The young Francesco dissolves his own fixed identity in this augmentation, in this moment that he chooses to expand forever, while becoming who he is.

This augmentation has nothing of an excess, of a capitalist inflation, of a *more*, a superfluous addition, of a expression of the real, an expansion that creates the possible in the real. The mere distortion as supplement, as gadget of the imagery, gives way to the activation of another convexity. In this case too the augmented real reacts to augmented reality, the baroque *trompe l'œil* is not anymore what it is when experience regards the light. An augmented, an enhanced perception, until something that was not previously felt is revealed. These are slow, internal, non-verbal processes which be-

Obediently, they began working. Each in his own universe but little by little, some of them started collaborating. Sometimes they'd come to me and show me something, myself pretending to look at it carefully, I'd start talking about something completely unrelated and – as if the one I had in front was a psychoanalyst – started revealing some very private information about myself, being careful to catch anything that would drop out of my mouth Existential Computing. But nothing ever dropped, or if it did, I didn't succeed catching it. And a cat wasn't there to grab it either.

THE ECLIPSE

1. There is "sympathy" between humans and computers, there are "feelings."

1.1 In both directions.

2. There are new theories about time. Maybe time doesn't even exist, just data that want to come to know each other.

3. People meet and exchange information. I suspect that even people are just data. Their desire is to know and copy each other. Art is what's happening when data meet beautifully. This is very rare but it also happens sometimes. Sometimes inside the borders of time, sometimes outside of them. Actually, it happens always! It's a very rare thing that happens always.

taneously like your text that unfolds as beautiful convolutions in the in-worlds of digital or medial serpentine movements. Your screen, Like Perseus's, is a dangerous device both for opting to seduce and to anesthetize us into forgetting where and when life begins, demarcated and recanted as God. Then, I recalled Nietzsche's saying that "No artist tolerates reality" as a poetic repudiation of false redemption. One that only can be offered by poetic language – a language damaged, bruised but also resilient to its "substantialization" and elusive to localization. In my own sense of transcendent forces, this elusiveness and defiance are also a "principle of hope" with a lonely God, with us seated and waiting for eternal redemption. How one wakes up in the mornings after Medusa's head has been continuously decapitating on our media and technological screens?

The net now turning
and turning

POST SCRIPTUM

"Do not try to find out if you care for freedom, for my face is a prison of love."
Leonardo da Vinci

i. The Net does not have, and especially is not, a formative force – it is a device...And devices are not neutral, however they tend to produce the opposite illusion. Massacres, that is, secularized sacrifices are in fact devices: as if they could be halted, defused, deviated...It's a recognition that does not mean slackness nor escape into the mere mediatized contemplation of the status quo, but rather the suggestion that, given the abduction of experience, and given the reception of information, any counter-information makes sense only on its being contrary to information itself...The net is the implementing and imposing of a mediocracy that uses the device of dissemination in order to enhance the illusion that it can be deactivated in any time. In fact the more the net spreads out, in the so-called public discourse and increasingly truthful versions of conflicts and their causes and reasons, the more it must scatter transparent

corpses ritual on river Ganges where it seems that the incorporeal bonds between the living-body (*Leib*) and its physical plenum (*Körper*) are made palpable.

The bond/vinculum of travel: the traveling body is not simply and reductively the colonizing or colonized body since the traveler's own body even partially remains in its twofold condition of *Leib* and *Körper*.

How are we to read Heine's travel fragments in the age of Google Earth?

The singular poetic fragment is replaced by satellite fragmentation of earth into coordinates with plots, ever gliding as we scroll in and out, up and down, right and left. We no longer travel solely in bodies but journeys with their virtual modalities flow through our bodies. This is similar to a prosthetic experience, not a simulacrum but rather an actual substitute of an immanent experience with a transcendent one.

The first encounter with the transcendent occurs in the body's apprehension of itself as a whole – the molecular cells, genetic helices, vascular as well as mental streams that constitute the body as discrete and totalized as *itself*. This encounter is precisely what escapes Aristotle's οὐσία or Kant's *transcen-*

out a cause. And the possibility of non-being, and the power (and threat) of being only once: in other words, the possibility of existence, as a result of fortuitous combinations of casual events. But each of these events might also not have occurred. Something necessary, but only once or a few times...

◦ ◦ ◦

"Humans stopped regarding their work as their own creation. They knew they were only part of the living mechanism of matter, the mechanical machinic learning, self-correction and evolution of matter that has no need of consciousness. Consciousness was only a momentary amazement that things are not as expected and make us move toward something else. They induce us to make mistakes, and then to correct ourselves. Consciousness is surprise at a disequilibrium for which it is necessary to make special provision, by inventing something that takes reactions back into the realm of the viable, the acceptable, the homeostatic.

"Inventors know how to handle this... But humans claimed to be thinkers."

"Thought emerged from work as an entity in itself."
"It was the only true freedom and transcendence."

"But they thought it was itself effective, as if it were a cause rather than an effect, as if it were immune from error and death."

◦ ◦ ◦

VLADIMIR: Adam, to you I say that we – we do not wake up... And that myth is not a rescue from logos... Differently from what it may seem, according to the false dichotomy between rationalism and irrationalism, where the logos appears to be foundational (whereas the logoi are dia-logues, benevolent and with no envy), it is exactly here that the inspired word, that is the word that poses its own alterity, makes sense, its being demonic, musical, erotic, mantic-maniac, even historic-realistic! Simply and defiantly said: also reason, a logos that is full of itself, can allow itself, beyond the rational and the reasonable, to be a safe and sacred and saintly myth, or poetics, more or less formally encoded. – Only that peak of this acropolis, mythos, or image, can offer itself: only a dominion of figures and representations – so far as an image resolves in itself its capacity for a re-reference and re-calling – can also

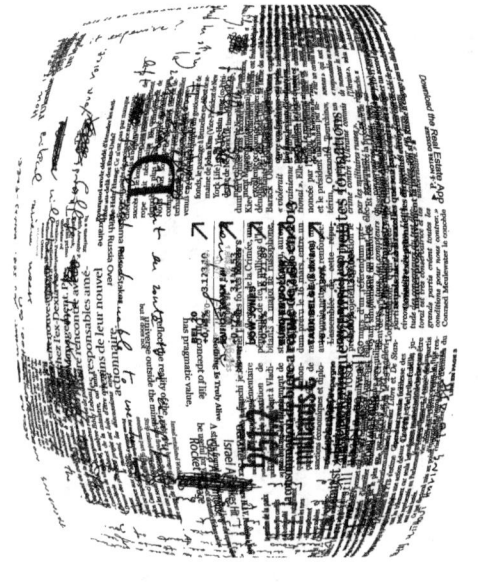

AUGMENTED WRITING – AWO_10 (2014)
ALESSANDRO DE FRANCESCO

come language sometimes, or well object-image, like here.

If the addition-supplement is consumerist, capitalist, distortion is spectacle. Distortion in itself is not a perturbation of the script, and certainly not subversion. It creates a parallel world, an addition of data, while to perturb, to subvert, means to generate possibility in the real.

A set of devices uses, instead of augmented reality, images apparently coming from here: the social networks. Just like standard journalism, social networks give an illusion of presence by following a simplistic informational paradigm. Facebook and LinkedIn are the contrary of Parmigianino's self-portrait: they reduce the self to a codified and regulated interface, made of tastes or certificates, of messages that are sent and received on the basis of a protocol and of images. Furthermore, this information is available. It is too easy to say that "we know it" and that we therefore should take these things "at the second degree", in order to fill up the anguish of death. Too easy because we tend to forget the power of representation, especially when it is sold as reality. But at the end reality is already inside the social network: reality is the first degree of representation of the real. Representation often bases its strategies on its discreet presence, which tends to disappear. Tents. A tent with two inter-

Existential Computing started when Caroline Hancock and Paul Green asked me to do a project at the Hayward and they booked for me the *Waterloo Sunset Pavilion*. This location is unique, a capsule in the city. But unfortunately, there's something wrong with it, something went wrong with its construction, or maybe it was the artist's intention.

So I asked the curators to bring a cat there, because a cat may have been able to fix the Pavilion's problems. But museums, every time I ask for animals they refuse, they give me computers instead and videos and digital cameras which is not the same at all, because cats know how to record events in a way that is not digital but is not analogue either. Cats collect quantum facts from multiple realities. I think cats are Universal Reporters.

However, on February 3, *Existential Computing* started. Some people arrived and began working like crazy, doing I don't know what. Working on their machines, working, working... Others came to visit. As one of them said later, "I learned about things I knew already but I wasn't sure they actually existed."

And finally there was a party and talks about data that meet each other beautifully, and while I was showing Rafael Rozendaal's futurephysics.com

give rise to an image here-and-now which opens up to a non-imaginary. In fact, we need a figuration, a determination of such a bastard logos, of a third kind – *tertium datur*... here... of such an ex-centricity with respect to both poetry and philosophy, to mythos and logos. I mean: we need a dia-logue... But what is a dialogue? What is a word that crosses – crosses what? It crosses but logos itself. Words are commodities – if today makes sense as today... and commodities are the only example we have at hand of what disposes of us. By now we are engulfed in and measured by commodities, we are generated from them to the point of doing without them by closing them up in a paddock, covered by rules that work in a slumber, if not in a sleep, to the point that we can always rejoice in contemplating them, pretending to be surprised, even relentlessly admiring them, joking about their innocent and

WATCHFUL SCREENS

images of corpses, raw and blunt – by virtue of the net's own dispositif, horror and democracy are eventually set out in a most structured juxtaposition, seemingly revocable at any time.

ii. What does it mean to juxtapose an induction to a deduction? A habit to an attitude, a circumstantial generalization to a crushed assumption – what does it mean?

O, how is it possible?

How than, screen and writing converge and in what ways they reconstitute and reiterate a tendency?

I. When we happen to look at a screen, what occurs in most cases is that each visuality is so filled up that it is pre-empted by the most adjacent one, just as the farthest one. A screen, almost any screen, allow images, mostly faces – and not their facets or natures – to be mutually, and not simultaneously nor immediately, turned off. Eventually, screens constraint solid possibilities – to the point that any potential remains trapped in that possibility, and becomes a force. Now, a screen and its disguised paganism (as within that shrinking, a screen is nothing else than mere feasibility), a screen eludes any substantialization of the medium as well as of the means. The watchful-screens

THE TRAVELING BODY

dental ego and what propelled Husserl to re-think radically Descartes in order to render a cogito with its both content and act – an ego not devoid of a thematizing plane. But the body's encounter with the transcendent, as this meeting is atemporal and concurring with any organism's life, is pre-philosophical and hence bound to fail once it is subjected to analysis of either categories or relations abstracted from the embodied thinking – the traveling agent of the organism.

Disembodied thinking is the idea of prosthetic thought.

THE PREHISTORY OF TRAVEL

Travel may very well be a symbolic representation of the body, think of mountaineers or nomadic tribes even in our times. But in as much the body can become a symbolic artifact; tattoos are a good example. Music and singing in their prehistorical modalities have preceded notational symbolic systems though they constituted a matrix of language that made traveling sounds equivalent to traveling bodies.[7]

---

7 Steven Mithen, *The Singing Neanderthals: The Origins of Music, Language, Mind, and Body* (Cambridge: Harvard University Press, 2007), 146.

ELEOS

"Think of how much is dying out all the time. And they tormented themselves about it, as if it could be avoided, as if they had the power of life and death! They were so sharp, and so blind…

"But inventors knew how to remain silent. If they thought of the 'best,' and had the freedom to attain it, then they attained it, but they were driven to do so out of a sense of unease and self-interest, not out of philosophy. Others, being prey to the sweet dreams of philosophers, thought themselves spiritually superior and more concerned about suffering humanity. But those who suffered had no other wish than to escape their condition; they had no use for philosophies."

"They lost the sense of reality…"

"…and we regained it, for them and for ourselves."

"It was too late. Their delicate figures were already sick; they passed health on to us, passed communication on to us. It was too late."

° ° °

So, machines do things that are completely natural, like plants. Or is it that plants are mechanical? Or does neither tropism have any origin, except the energy that produces motion, including the energy of the human hand that has produced the creatures we are and added us to nature?

° ° °

sacred star gazing around… Commodities repeat themselves: they are things. They are the cause of our tireless and necessary gasping for air, of atmospheres of construction of that scenario in which we can call and include the Other; holding him/her at a distance: commodities rear and train us to grow and take care of mountains and worlds of analogies; they mold our hands as well as our memory. Commodities therefore exemplify us, whether we stay at home, or we leave to realize our desires, pretending to remove needs and facts of existence. It is through the senses that we appreciate commodities: we want by all means to imitate the motionless tension that has always been perspicuous to us… Commodities are our only (moral and intellectual) problem. If we bestow ourselves, as we have, with commodities, we renounce any totality which may contain us; there won't be any mother to

laced bodies inside, two bodies that are not one. This time dualism is important, against a fusion that makes the other disappear in what we thought to be love.

But is to be two really *being-two*? Even to feel the other is discovered as non-dualism, for to feel the other means to negate his/her representation, i.e. a rigid identity built on the basis of formatted criteria. Social networks produce reality with imageries that are based on something very similar, at the end, to the virtual 1. Identity is also the one between each individual and his/her corresponding page. It is no coincidence that on Facebook this is called "wall."

"To augment" means then to restore a continuum on the discrete? A flux of experience/perception? A really continuous flux, not an RSS flux, neither a hyper-realist editing. How to do it? How to live with it? How to descend into the tube, in the hourglass of veins? Do we have to go there, to push our convexity towards edited information in order to feel them rather ours?

h t t p s : / / w w w . y o u t u b e . c o m / w a t c h ? v = K M O h x p f 9 o w 0

She saw me. Who saw who? And what does "to see" mean? The voder, the first vocal synthesis machine in history, reveals two problems as linguistic

where planets attract each other, a total lunar eclipse started and went on for an hour and fourteen minutes.

— Messaggio d'origine —
– Hi Miltos, hope you are OK and looking forward to the workshop tomorrow

— Reply —
– Yep! Can't wait to start!

— Messaggio d'origine —
– I am also going to be the carrier of bad news and say that we can't have a cat during the workshops. I am worried that people may misinterpret us having animals in the gallery and see it as cruel (especially if it has to be brought in each day). We certainly wouldn't be able to leave it in the gallery overnight as it could possibly set off the alarms.

— Reply —
No cat...OK...

You see, no cat is a "Cat-that-is-not-there" and because a cat should be there (to record the facts), a Cat-recording-the-facts will be missing. Therefore the facts will not be recorded or at least, they will not be recorded in a "realistic" way. But because humans always insist on recording facts anyway, facts will be recorded through a simulation: the data collected in this workshop will be a simulation

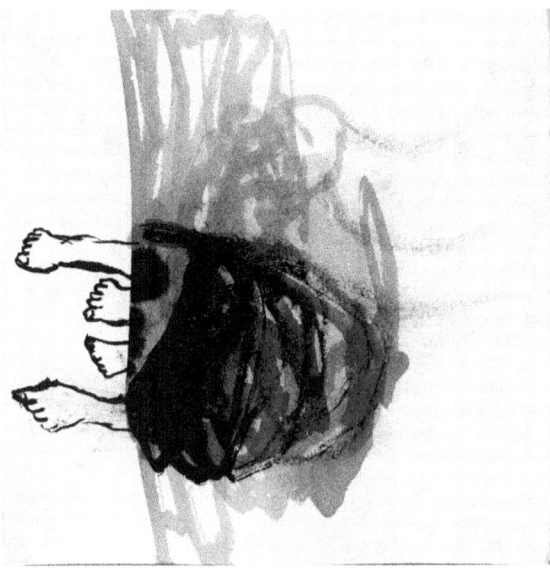

QUICKENING 9 (2018), INK AND WATERCOLOR
TONI SERRATELLI

breed... We children of children – only, one appears to us more clearly than the other one... We neutralize the mother making ourselves indiscernible from her: we risk becoming unable of any decision! Like violin strings barely plucked...
ALESSANDRO (to BRUNELLA): Could you elaborate on the political and historical, beside philosophical or cybernetic, implications, of this end of dualism nature/machine?
BRUNELLA: The "vision" of a "machinic" future can only be narrated and not theorized, because there cannot be any philosophy, or novel, or

pertain to modernity, to the ever-recent split, to the ever-retrievable separation.

II. Writing is a trace mediatized: writing repeats so far as it is not a means – it constitutes so far as it is not a form. Writing effects openness in which life and a measure of space and rhythm can only be – and ever emerging.

A medial translation, a translated intensity: life is not given, but re-versed...As a trace, it resonates splits – without moulding them though, as being not-feasible. It eludes any instrumental as well as mediatized grounds – it settles itself as a demonstration of a limit. An imaginary juxtaposition here breaks free from any philosophy: from the thought that settles down and focuses on an emergence. The new, in its weakness, makes irruption just as an act that, without lingering in any availability, manageability, tolerance, is able not to enfold itself neither in a (monadological) overlooking, nor in a (monistic) participation.

III. Therefore writing can allow freedom, what is at stake here and now, is not a screen-of-nihilism nor neutralization – this freedom is to be flagrant. Only if to babies, you deprive their awakening, they won't undergo any subjection once they are grown-ups.

Music and singing in particular, as Steven Mithen suggests, are evolutionary traces that remind us of the ur-nexus between body and communication and hence movement in prehistory. When we trace the genealogy of the problem of the transcendent and its evasion of categoric fixity and of relational dynamics we enter the inarticulate sphere of nomadic humanoids, the hunters and gatherers (whether homosapiens or neanderthals), to which our very own knowledge is extrapolated from: archeology and genetic records that precede the structures of history as language. For the prehistoric humanoids, still bonded to earth as animals, life and travel were synonymous. In fact, travel can be said to be the invention of the postnomadic agent – the conditions of *habitus* – for which the world has halted its rotational movement and turned into a fixed horizon.

The perception of "body-space" precedes the constructs of geometrical bodies. In Husserl's *Krisis* there is a moment or instant (*Augenblick*) in which Earth's prephenomenal intrusion into perception appears as if the grounding of scientific theory such as Galileo's physics and of geometry was well required through experience. Husserl's contention is that we do not experience geometrical shapes as "ideal-geometrical shapes" in our "intuitively

---

We were on the point of being born.

° ° °

They gave their organs to monitors, which had become like eyes. Monitors watched over those gifts, and so on...

° ° °

We'll leave our living garden for a few days, said Palomilla.

Ever since humans gave way to their robotic creations, living organisms have been able to be dead and alive, flesh and metal, matter and energy. But out of nostalgia, and to preserve a historical memory, machines have kept certain types of human beings to amuse them in large, aesthetically conceived gardens: unpredictable humans resistant to evolution, such as artists, poets and playful inventors. Sometimes it even happens that machines turn to them for the solution of technical problems.

° ° °

"We are ourselves chisel and statue, conquerors and conquered at the same time."
(Erwin Schroedinger, *Mind and Matter*)

"But why have we kept inventors, Palomilla?"
"Maybe we wanted to preserve a trace, or a soul,

---

political plan, when you admit of unpredictability. This is why there's a background irony all along the text. Every aim is reduced to "effort," *conatus*, whether mechanical or biological. Maybe on ground of that there is an anti-politics, in the sense of the end of politics.
ALESSANDRO: The fact that the newborn at the end is a male sounds to me as quite pessimistic. Is it a return to gendered agencies after gender, right? If that is the case, why do you imagine this scenario? And, secondarily, who's the father, if there's ever one?

problems: the subject (and, with it, identity) and the sight (and, with it, the *seeing as*, which can be intended in two senses: seeing as representation, and seeing as as change of paradigm, in the sense of Wittgenstein's Indian mathematicians. Once more, the choice is between reality and the real-possibility).

Voder stands for Voice Operating Demonstrator. The better known Vocoder stands for Voice Encoder. These two devices, having an almost identical name, producing a relatively similar sound and both created by the Bell Labs, do two very different things. The vocoder codifies a sound signal through a series of bandpass filters and on the basis of algorithms among which we find also those of the GSM systems (cellphones). Used for message encryption during the Second World War (the so-called SIGSALY system), the vocoder is today mainly a sonic filter for human voice, to which it gives a robotic sound (Joe Zawinul, Kraftwerk, Daft Punk). The voder, on the contrary, is a system based on electrical – and more recently digital – impulses imitating human voice. Thus, if the vocoder is a voice-based analysis-synthesis device, the voder is a synthesis-only system. In the voder there is no vocal input signal. The voder is activated by an operator who pushes a series of buttons simultaneously.

of the data produced. The fact that people misinterpret animals in a gallery, obliges reality to become a fiction. The fact that people need to be prevented from feeling cruel, makes them also insensitive to reality. No cat means the end of all hopes for a Theory before we even start dreaming of a Theory.

But because we are all smart people (smart and sensitive enough not to hurt other people's feelings), we already know that it will be the case, when we ask for a cat, we know already that there may be No Cat and that becomes part of the Theory. Actually, it becomes the very basis of the Theory. Tomorrow will start with the following:
– Alas! There isn't a cat here today to record the facts!

And still, everything seems normal.

Miltos Manetas 2007–2015

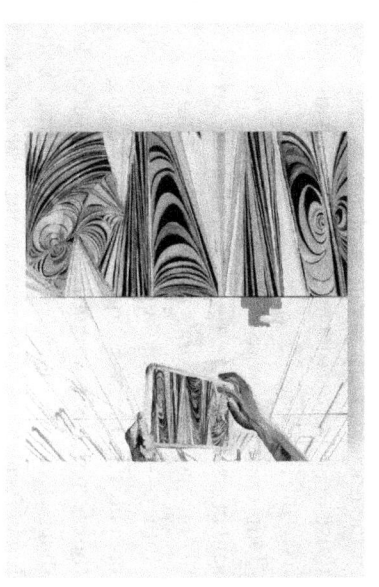

I-Pad Global Horizons (2016), oil on canvas and stainless steel.
Adam Berg

BRUNELLA: well, more ironic than pessimistic. Robots are machines built by males, who have often seen them as "females" – not by chance. But the machine emancipate from their creators, they go beyond genders – they reproduce by parthenogenesis… and then they feel pity for what they have destroyed…

ALESSANDRO: There is a recursive theme in your text: the relationship to time, ludic time and working time, for instance. Do your cyborgs, becoming organic, intelligent and sentient, re-conquer the freedom with respect to time that more and more comes to be subtracted to us, or is also their "time" encoded?

BRUNELLA: That time is subtracted to us more now than in the past, I'm not convinced. Work, that is oppression – mechanic oppression – has always subtracted time to human

In this room crammed with objects and things
God, that so much eaten-up god,
decided to thank its creatures;
it is a writing of invincible harshness
a passage from dark perceptions
to the bright and terse neatness
of a pact of conscience, it is the frailty
requested to the silent voices of breathless
emails, motionless and falling
into the space where we travel
exhausted but full
of a single desire;
it is a glimpse of a spectacle,
in the waste of a story paid
with the confusion and sarcasm
of God in the room; whereby self enthroned,
becoming one with the positions of objects and
                                        things,]
                                    concerned]

the stake is whether the ice-cream makers were

with their own melting.
In God's room – only his by now –
people are seated to study
and ask for a connection of motion
not to die, but to recite
from a script of flagrant
flight.

Translated by Brunella Antomarini and Adam Berg

---

given surrounding world," but rather rely on our imagination and fantasy in transforming "sensible shapes" into other types of "sensible shapes."[8]

Husserl's argument assists us in the construal of the relations between space and travel wherein bodies are not defined ontologically as "real" or "imaginary" but rather by their perceptual and kinesthetic content and gradations.

In the age of technological tele-presence we travel into the pre-history of body by replacing the body's actual position in space with possible coordinates of an *outside*.

Backwards time-travel is conceptually quite different from time-travel into the future. Time-travel into the past involves reversing all processes and asymmetries in time. Nothing remains the same.

Like Oedipus's own revelation about his riddled identity, the traversal into one's inconspicuous and or hidden past annihilates the present. It is in a vulgarized way the premise of the movie *Jurassic Park*: visitors are being chased by genetically re-engineered dinosaurs from pre-historical deep past –

8 Edmund Husserl, *Die Krisis der europäischen Wissenschaften und die transzendentale Phänomenologie: Eine Einleitung in die phänomenologische Philosophie* (Hamburg: Felix Meiner Verlag, 2012), 25.

---

something intangible that escapes our understanding. Look, Cora, you must imagine a little mystery inside every human being, a void they tried to fill in every way, with words and ideas, or with religions and scientific laws, but which made them fanciful and susceptible to domestication. Or else they tried to fill it with love, although they never managed to do that. Those who resisted were frail human beings, and as such they had to invent technologies, machines and tools to compensate for their physical fatigue. And that void was a womb out of which we were born."
"And their women?"
"They were that womb."

° ° °

"But are you joking, Palomilla? Are you speaking of the ones we keep in our gardens? Was it really those weaklings, so dependent on us, who invented us in the first place?"

"Our creatures were our creators...," Palomilla said in a soft reflexive tone. "It's all in the archives of our memory, Cora. They are our fathers and mothers – vulnerable and absorbed in work, innocent. Explorers, conquerors of new lands, they transferred their strength. They discovered for themselves how much less effort is required if the human arm uses a lever or an engine. Their greatest achievement was economy: the economy of effort.
"If there was something hidden in human affairs,"

---

beings. Maybe these cyborgs think that time too is an oscillation between present and past/future: present time comes before the past as the past must be defined in present time, and comes after the future as it depends on the direction exerted by the aim. It depends on their phase of emancipation...Who knows?
ALESSANDRO (to MILTOS): "I suspect that even people are just data:" what are these data made of? What is their meaning? The absence of the cat is quite painful. But isn't it there, though missing? Isn't the cat to confirm that it is actually possible to think not only an event that is occurring as if it weren't, but also the other way round?

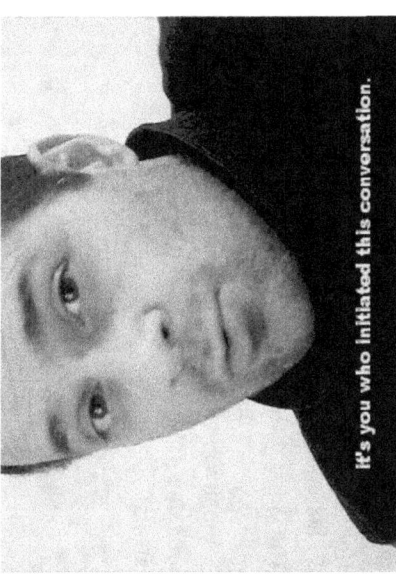

It's you who initiated this conversation.

EXISTENTIAL COMPUTING (2007), VIDEO STILL
MILTOS MANETAS

Language, so far an exclusive quality of mankind, is primarily articulated by voice. In the vocoder the timbre is codified until distorted. In the voder there is no voice starting the process other than the one produced by the impulses of the machine itself. A transcending or a transcended subjectivity? To speak or to be spoken? Both devices produce a distortion of human voice but they operate at two different ontological layers of reduction/redefinition of subjectivity, of language transfer from the subject to the appliance, and of concentration on enunciation. Who thinks? Who speaks? Who sees? Who understands? What are we telling each other, whom are we talking to, and who are we through the device? What is our message? The vocoder and the voder reveal this passage, whereas many other devices for information, data conversion, and production of language and images are normalized, naturalized at the very moment of their diffusion; until fictive identities, individual or collective (in the masquerade of terrorism for instance) are created, or in order to isolate potentially dynamic individuals by making them believe that their message will be heard, as part of a community.

https://www.youtube.com/watch?v=2jU9mJbJsQ8

I now understand, moving in the room, why the volume of a voice is called volume. Your message while

In the video you suggest the viewers to interrupt it and post their videos on YouTube in order to interact with you. In the seminar at the Hayward Gallery the ongoing activities by your interlocutors on their computers are quite mysterious. You talk about empathy between humans and computers: on which levels is an interaction, an encounter possible between them?

MILTOS: An interaction, an encounter will be possible only when we will know in detail what we already know, but such that now we do not "feel" we know: that is Time.

messing with the reconstitution of the past means violating the laws and conditions of the present and thus entering a future without grounding and de-void of a background.

BACKGROUNDING AND FOREGROUNDING THE TRANSCENDENT

Current cyber-technologies which heavily rely of virtual interfaces and digital means of transposing the experiencing agent as a traveling body destroy the historical transcendent and re-introduce a sort of a pre-historical or post-historical (depending on your direction of travel) agent.

In so far as the historically transcendent agent lies from without the boundaries of travel and body in a philosophically exiled terrain – Kant's *noume-non* or *Ding an sich*, the transcendent agency is mapped only as either the boundary conditions of life or as its initial conditions, its inarticulate and only imaginable pre-historical singularity.

To some extent, the unintelligibility of the notion of the origin of life is precisely the inability to re-unite the bifurcation of *travel* and *body*: how far or deep in time can we travel in search of our bodies? As with the nomadic oscillations and transgres-

it was only this silent, jealously guarded activity of inventors in workshops and factories. Every new product was the trace of a concealed labour that was never recognized, never a monument to the inventor. Never a monument to the practice that comes before concepts.

"Nothing contingent is really conceptualizable. And the oscillation that is inherent in the concept and makes it operational, the to-and-fro movement between abstraction and its application to every particular, is nothing but the sublimation of the feedback labour."

° ° °

"If freedom can be attributed to machines, then it is freedom from purpose. But the freedom of inven-tion is to be an end in itself. That is what we lack. We have freed ourselves from purpose but also from the freedom to play. We knew only instru-ments. You see what I mean, Palomilla: perhaps we didn't know how to play…"

"That losing game that doesn't worry about itself, trusts to chance, ends when it ends… That's what we keep inventors for."

"And now that we're transferring our strength? Are we being transcended in a birth that will expropri-ate us?"

ALESSANDRO (to VLADIMIR): The screen watches, but is it still turned on? To what degrees, and what are the regimes of solitude? Does democracy rely on horror for control?

VLADIMIR: Your question is like an invitation to reflect in writing the solitude of the screen: the insomnia… and the community that every democracy is… How to be a guard of such an occurring of a screened "potential": embarrassed, prevented, ripped off? Then I send a letter to Screen… Like a feint in the ring: continue to be in one-way and not another way: this and not that convergence of forces and power; being able to renounce. In the masquerade of the screen, outline oneself in the ruthless nude-up we celebrate, as if we were peeling an onion ad infinitum… An intimate fiction. In the intimate whisper that fakes silence. To get attached to the pronoun of the other: Writing to you. Communicating you pieces of oneself and of one's memory. Having recognized, having traced back a sentence – the brand of a name. Infringing a deception for a deception's sake.

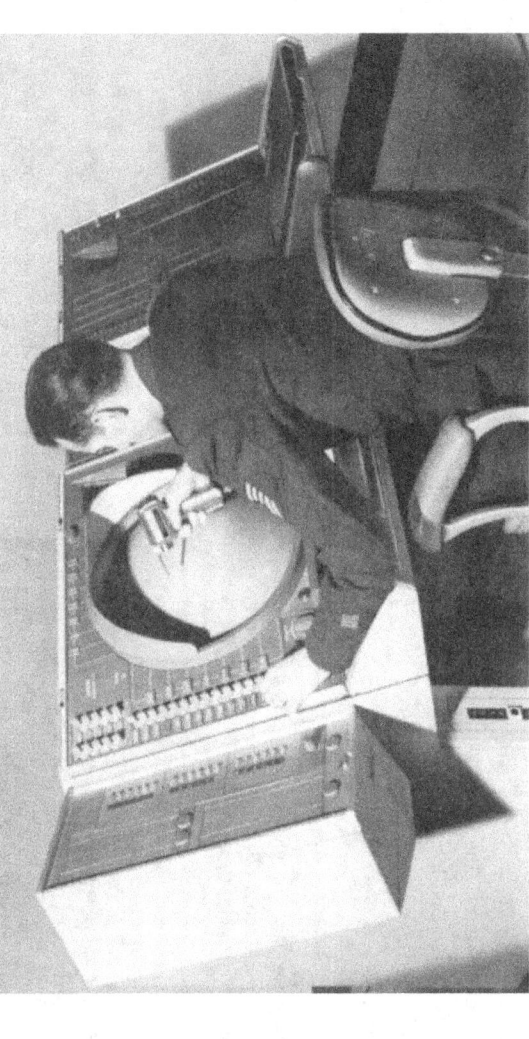

A SAGE OPERATOR AT A SITUATION DISPLAY CONSOLE, HOLDING A LIGHT GUN
(IBM)

you are talking to me is a body pushing the space, like in *I Am Sitting in a Room* by Alvin Lucier, a story that saturates and inflates the room, that augments it, expands it; language injects light from the window up on the left, producing a convexity that is also an intensity, a way of touching and listening, of being together, of holding.

Who is there together with Francesco, with Alvin Lucier, with us in the rest of the space? Until which point can our perception go?

the whole room is wrapped inside an immense surface that is observing without asking anything it is waiting   touch the stream   build liquids

BRUNELLA (to MILTOS): What I like of your text is something that is usually missing in intellectual thought, so concerned about causes, and that is a perspectival thought. It is as if you asked yourself: What will I think? Actually every time we think, we state what we are going to think. Thinking what we already thought is useless… You've found a device (YouTube, etc.) that sets in motion that oscillation, or retroaction, or feedback that is always there in thinking or making art. Time, an issue that crosses over all the five texts, is like a game with time. Can time be detected only in games? Returning on itself, leaving behind debris (debris of us, who would believe to be omni-present.)

BRUNELLA (to VLADIMIR): In your texts the transcendent is always at hand. It installs itself syntactically. I mean, a verse produces a sense that I immediately poured into the next one and so on and on, unbroken. At the end of the text we feel that something has occurred as if to define ourselves, or embrace us, but that needs someone to think of it, similarly to Alessandro's notion of convexity. Yet your text is not indefinite, as the reader is enabled to gather sense even before reaching the end. The reader is never rejected (like in the avant-gardes). A transcendent closer to the trans-itory, one that does not stay but grasps truth as a *feeling* of the truth. As in Nietzsche's words: do we write for a species that does not exist yet? A way to make death a concept correlative and vital. Instead of dissolving it into the transcendent, as beyond mortality, it resolves itself in being released at every bit of time. Is there a Heideggerian legacy here?

VLADIMIR: Bio-political poetry, a poetry which is not allowed to be itself, through poetry, through communication, that is, by becoming the perversion of a gift, and of a form. There is the poetry of life, the poetry of form, bits and pieces, not faces, of poetry: if every word counts on a evocation, a kind of hiatus, we have a presence that brings to an ulteriority that remains unpresentable as such. There is the poetry of life, the "said," in the dissected evidence in the word assigned to the un-negotiable character of an event. And the event can be encoded only as a calculation. An inevitable linguistic statement that can only be built in a form reduced to its degree zero. It is poetry of the adjective that emerges in the heartbreak — qualified as poetry of form. It is a committed word, literally alienated, hyper-encoded, subtracted to itself — socialized, public poetry, which builds up the community of re-presentations, of the lost code: as an *instrumentum humanitatis*, image of word. Life does not yield to verse, to form — as a form. Form is the evocation of word: its loss, memorization of word losing

sions of the hunter and gatherer humanoid the cyber agent travels without the body as separated from traveling. Body and travel return to the realm of lived rotations without a teleological end – without a clear purpose or *telos*.

In a typical rendition of the historical transcendent such as a renaissance painting, the background and foreground are enabled by a middle ground and we know it well through the construction of pictorial and architectural perspective. The point of infinity, the diminution of coordinates transliterates the transcendent as a vanishing point wherein the body travels beyond its visibility.

In Leopardi's *L'infinito*:

"Sempre caro mi fu quest'ermo colle,
E questa siepe, che da tanta parte
De l'ultimo orizzonte il guardo esclude."

"Ever dear to me is this solitary hillside
And this hedge that for the most part
Forbids me the gaze of the bounds of the horizon."[9]

---

9 Giacomo Leopardi, "L'infinito," trans. Elizabeth Marie Rine, *Anamesa* 8, no. 1 (2010), https://anamesajournal.wordpress.com/issues-2/spring-2010/.

° ° °

Let's be going, then, Palomilla. Listen, I hear the wind that Ventosa hears.

Windiness came from the old Japanese word Fudo, which meant a common understanding: it meant to be non-self-sufficient, partial, hence interconnected, correlated, aerial, empty inside so as to leave room for interconnectedness, for transcendence in the Other. The Japanese philosopher Watsuji Tetsuro called wind the "poetic spirit."

° ° °

"Then they began to hate us. They said that technology kills nature. They forgot that nature itself is a technology, and that their hands were the pincers of that technology."

"What did they mean when they said that?"

"Perhaps that nature has bends and curves, and they didn't appreciate our hardness. They wanted softness and morbidity; they wanted death. They oscillated frantically from birth to death; the more they neared the extremity of life, the more they killed. Bipolar beings, they allowed themselves the luxury of pointless wars to construct high civilizations. They fled from one pole to the other, calling each rebound destination "the Good."

"They were efficient because of their injustice."

the "said," it lends itself to it. Form celebrates itself, in the very loss of word. Bio-political poetry, through a shrinking into a fully *kenomatic dispositif*, dispersing itself in its representations, literal re-pro-ductions, is able to contradict the only attempt to save poetry from poetry: that living poetically. There is no time left.
BRUNELLA (to ALESSANDRO): What is convexity in relation to love? A kind of withdrawing of a Platonic idea inside a shell autonomous from the world? (Is there a "convex" without a body, without a percept?), or a perceptual correlation that only a few times in a life is activated?

cuneiform writing is based on the repetition of a single form   a series of vectors apparently originating from continuous lines   its sense is generated through horizontal or vertical orientation and by the quantity of the sign itself

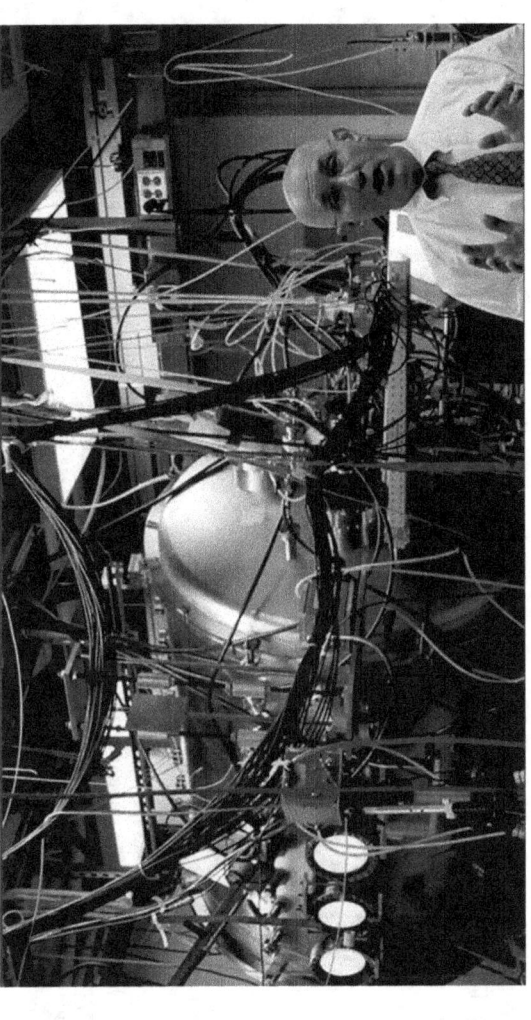

CONSENSUAL (2012), VIDEO STILL.
ADAM BERG

Translation of Alessandro De Francesco's poems by Andreas Burckhardt.

ALESSANDRO: "Convex" is the expression of a perceptual augmentation, of the overflowing of any representational control, of the knowledge of oneself, of the other and of the real. It is a real experience. The title of my text, although in Italian it is the same word, sounds as plural, this is why I could use the plural in English: *Convexities*.

BRUNELLA: You call it "actual:" it doesn't seem to be an expression of something "inside" that goes outside nor an internalization, but a beautiful image of an embrace, like a blow-up, a montage-love. Does something new come to existence that didn't exist before?

ALESSANDRO: Absolutely. Authentic love has nothing representational, I think, or fictional. Sure, there are always ancient needs inside of all of us, which orientate our tastes and our perception of things and people like a narrative. The political implications of such awareness are crucial, and very dangerous, in a good sense. I am speaking of freedom at the end, freedom against constraints, controls, and rules, hierarchies that are maintained by instilled narratives.

BRUNELLA: This device sounds also trans-human: in the sense that the human claimed a substantial status to the "I" or to Being and now we witness a pervasive flowing of everything that looks for a leverage, of an "actual," or an augmented, expanded actual. A great scenario, endosymbiotic and bubbling, with a sense of fullness. Does it replace the melancholy of "possibility?"

ALESSANDRO: I recognize my text in these words: endosymbiotic and bubbling…. Is this a trans-humanism? Certainly still a humanism that I try to present and make present in my digital work too.

Our age follows the predicament of the network as a totalizing middle-ground: the mouse and the cat tell us about cyber espionage, NSA, and Wikileaks, a fable of system networks entrapment.

In a typical constitution of virtual space the "chronoscopic" shifts (as Virilio suggests) obliterate the middle ground and throws us into a dynamics of violent thrusting between the background becoming the foreground and the foreground instantaneous recession into the background. The middle-ground is lost and with it the infinite horizon which the historical transcendent functioned as the agent of a triangulated world of *invisibles, unobservables,* and even *imporobables* – this is the world of Leopardi and of Proust but less so of Kafka wherein the protagonist/antagonist are no longer placed in the middle ground of the *world* and typically in a highly descriptive and yet deceptive language: Kafka's background is devoured by the middle-grounds: the world of systems, bureaucracy, hidden political agendas and now we can say cybernetic networks that suck everything into it.

Video games are mostly a chronoscopic escape if not an addictive one from the middle ground; and

"And yet Ventosa is expecting a baby – something other than herself. But we didn't know the distance that divides one from another; we didn't give rise to mitosis, generating ourselves instead through a parthogenetic structure of mutual identification. I look with your eyes, hear with your ears, speak your words."

"We are wholes made up of parts with a life of their own, whose wholes are parts of other wholes. We keep recombining *ad infinitum*. So what is this 'birth'?"

"What is this surprise that alarms us? A birth that does not happen through recombination and recycling of the same material – that is, organisms that decompose into organs that will form part of other organisms. This strange 'birth' is the solidification of a software which, producing nothing, it nevertheless gives instructions in order that it can auto-reproduces an absolutely unique body, one that emerges from others but could never decompose to remake others. When it dies, it dies. It is lost. What happens is birth in reverse: instead of two bodies forming within one and then uniting in others through feedback, this organism makes its own organs, allowing the parts to wear out naturally over time until they are abandoned."

BRUNELLA (to ADAM): This feminine character, a kind of hologram of Edith Stein, as it can be reconstructed today, is it the model of an evolving psychological condition? A "survivor" (in every way), which is not by chance feminine. That is, almost pre-disposed to this lack of subjectivity and therefore inclined to accept herself as a subject merged with other subjects?
ADAM: Like cinder, the dissemination of Edith Stein's ideas, voice, thoughts, like that of Giordano Bruno is all around... but she "perished" in Auschwitz and her "survival" is not ocular (like an hologram) but oracular like a coded voice that rises unexpectedly. So, in a way Edith Stein is "pure subjectivity" without the need to inhabit a subject. And so, she is paradoxically a subjectless subjectivity.

CELLPHONE IMAGE (2018)
BRUNELLA ANTOMARINI

BRUNELLA: A new definition of transcendence that one draws from your text is that which you find between points in a trip. The lack of distinction between living and traveling brings back cyclically to "pre-historic" nomadism, in which the environment has no borders but those established by the time it takes to cover it.

ADAM: Yes… travel inevitably induces the transcendent.

BRUNELLA: does a super-organic system emerge? One that moves in a kind of telepathy between its components. A troop that proceeds or withdraws as one, following a leader that is everywhere, like an earthworm, and is not concerned any more with contradiction and opposition, because both if them are always there and always inside of it? "A thought without a thinking body…"

ADAM: The notion that thoughts, say even mathematical sets or musical compositions, do not necessitate a cogitating body is not something necessarily Platonist to assume. But as opposed to a mindscape full of cogitations or a super-organism that totalizes cogitos… it's possible to re-think the body not as exclusively organic, yes. And if so, than such body can travel not only corporeally and arrive at destinations and in velocity without contradicting normative intuitions of space-time localizations. I like your suggestion of a new kind of telepathy that does not rely of the fixity of organic boundaries especially when it involves new modes of communication.

VLADIMIR (to ADAM): A screen comes to rest by renouncing the coincidence of life and form: a screen is itself the obstacle to the encounter between a life and a form; neither rests inside the encounter.

○ ○ ○

this is evident through the exceedingly faster and faster feedbacking of foreground and background-ing in a game such as *Temple Run*. Perhaps cyber techno culture once again, like any cultural escapism through the eliminating of a transcendent agency as an illusion, offers us a fugue from the commonplace of our present tyranny of the middle-ground: networks of cordless mice and cats that are in chase of logarithmic codes with a "third place" – a transcendent traveling body.

The transcendent agent in our times produces a prosthetic thought outside the scope of philosophy and within the quotidian extensions of the traveling body that are no longer positioned against a cosmic drape or background but rather with a cul-de-sac view of our transient screens and/or backyards.

THE PROSTHETIC THOUGHT

She asks: Does disembodied thinking imply the idea of a prosthetic-thought?

Rarely does she ventures out of her room, a room of one's own, and finds the right time to converse on otherwise what would have remained in the folds, the imperceptible creases of one plane with another, forming a dynamic topology of twists and

Palomilla turned 180 degrees on her three wheels, collected her memories, and said that the bodies of humans, themselves made up of fifty minerals, had a certain familiarity with materials that they called inert or inanimate matter. For they swallowed them with food, so that in a sense the minerals animated them. They also incorporated them in the form of electronic prostheses, artificial memories, and medical and therapeutic technologies. They knew that minerals were not the opposite of living beings but their actual components.

"They needed the weight of minerals to invent tools made of those very minerals, to press ahead and create work without lifting a finger. The lightness of energy and air emerged from the weight of matter."

"So what about the metal deposits? Might they be signs of mechanical civilizations? The agony of metal in Vulcan's forge?"

○ ○ ○

"They were so powerful and, because of their power, so alone. From tamers of nature they became gardeners, and then they were reduced to a garden attraction in the shape of domesticated animals. They began to suffer corruption, their bodies taint-

ADAM: Beyond or behind the screen there is coding; this is our novel revelation of the transcendent to which equally body and perception are put into a trepidation of sorts and eventually turns the image inside out leaving us with the screen as a the "flesh" or "skin" of the world or a coded veil. Behind the veil of probabilities housed God.
VLADIMIR: If the beauty of the screen trusts in the secret, in the essence produced by the constant destitution of appearance – poetry or the liberation of both the essence and appearance from their fictionality, from being produced as a mutual transmutation. A screen doesn't leave its secret to its emptiness, to its ease, to the shivering life of appearance.
ADAM: The screen does not cancel out beauty but instead diverts it into the realm of codes and communication and thus transforms everything into an ongoing interplay of presence and absence. And yet it implements new conditions by which objects and images are separated or synthesized through or on projected surfaces.

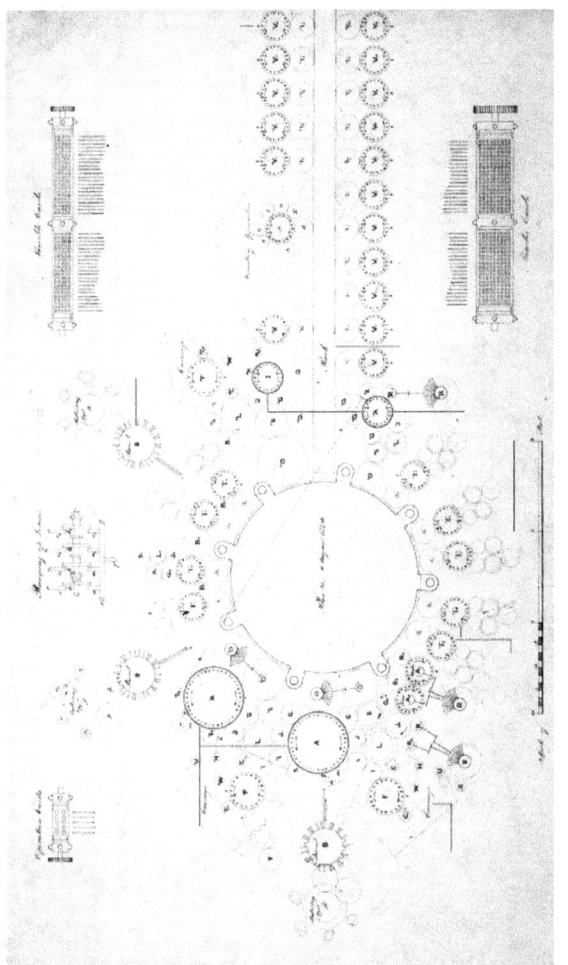

CHARLES BABBAGE'S ANALYTICAL ENGINE (1838)
ALLAN G. BROMLEY

VLADIMIR (to BRUNELLA): kabod (honoring)…. perhaps the issue should be to wonder whether a single humanity, or a post-humanity – a screen of humanity could be still – still! – one humanity, whether the reduction of humanitas to its own larval and ghostly survival would still qualify as humanity, or whether it isn't rather accidentally so…or a way to keep memory, a memory deprived of anything to remember, or of the human; in which the human is just an, any, occurrence; so singular to be communicable only as a negligible problem and empty of any information; a stumbling stone deprived of any soil to dislodge or to repair, or else to gather as loose soil. Signa civitatis: the nothingness of a polis: we should wonder whether the human could ever shrink from the atopic and utopic place of the political, of the polis, although remaining a kind of trigger of a lost relationship, whether it remains, though never staying in a niche of ruins…. Whether a dialogue through a screen is still a contact, in the insurgent void – an uneasy contact, without witnesses, a contact just deprived-of-apparition. – Does this dialogue require an action and a doing: a doing without collecting or dispersing, without image or curfew? In your "city" there a sphinx in the exchange, in the information that requires a matter, and at least two terms, two goals: this very narrative allows itself to tell: there's no politics any more; it allows itself to say it to me: to the dative of a ghost. The imperative of the machine today – to erase the male fucked by Being: as stones are effects of water – the scene of a vortex of Being: so I am any real that transits from life to image and back again? With no adventure, but this memory? Is the void a God's smile? In a memory caught in flagrante?

ALESSANDRO (to VLADIMIR): Writing, poetry, a narrative: here, in order to make an image, you must abolish the image itself, by figuring out that the being of an image comes through, that it produces itself, a self-making of the image – how so? By touching a world deprived of images and magic: a non-image – how so? I mean, how to catch the image behind the image?

shifts in one's life. More frequently she, the writer, emerges out of her room, with a book or a laptop under her left arm, extended and relaxed, and a right hand with a faint tremor.

Philosophical memory is a referential nightmare (*un incubo!*) since it ejects thinking as an enaction of awareness, a thinking agency (a cogito) into the latency of literature and credits. I reckon that it is first Husserl's example that when my right hand presses onto my left wrist ... the double contitution of body and mind as one and the other, as intentional act and object, as intentionality and temporality and as consciousness and subjectivity. Later, Husserl's example is used by Stein and Meleau-Ponty without any mentioning of their "source."

And her insights into the *Leibraum* turned Edith Stein's fate into a prosthetic lateritic: the philosopher, the woman, the Jew, the catholic nun, the exterminated, and then the saint?

The transcendent body is marked by its perpetual movements between a person's habitual existences in the world; one's *being-in-the-world*, if to use Heidegger's terms, and individual's instantiated actions.

For Maurice Merleau-Ponty, the habitual and actual body accounts for the way in which a person is

ed or polluted because they could not always adapt to the harmful substances they had to ingest every day. Little effort, interconnected thoughts ever more external to their bodies and brains. Medicine made them weak, but they could live long lives if there were medicines and technologies to keep them going. They were less and less passionate, since passion and love were linked to anxiety in the face of death. Fear of death diminished, and with it the anguish of love. They became old while still young, prone to indifference. The declining importance of things human did not frighten them either. They had been a transitory evolutionary event, one of those species that appear, develop and exhaust all their possibilities, then grow weak and disappear. Like all other living beings."

"And now? Is there an impulse to permanent transcendence in this 'birth,' a nostalgia for death?"

o o o

"They had no power to act on things, being only a minute part of them. Deleuze's machinic world, like Spinoza's: they were placed in the network of myriad self-regulating causes and effects, reducing chaotic elements, maintaining precarious equilibria and on occasion shifting them. That is all there is. But they learned it too late.

"With the end in sight – the end of the sweet dream of philosophers – a silent, modest transcendence

VLADIMIR: You suggest three movements, the image as a process, three kinds of process in a sequence, three a-musical concerts... 1. Abolish the image in view of an image-as-process; 2. To manage and to imagine an image-less world; 3. A "being-image," an image-as-process, is a non-image: behind the image, where a void of image comes through, the process thrusts and marks itself. Behind the image, there is still an image, but it is exactly the image of nothing else than the non-image: the represented non-image, that is, present only in an intensity: produced, shown and mounted – if ever any montage rests upon a hiatus, and a suspension, and an interruption. A shivering of the image is possible between the non-image and the being-image: an image as an autonomous definition of a space, a point, an area, a line, a concert of place; a frayed place: the image makes itself in its very fading away: catching it in an flicker – in the very moment of its evanescence. A deprived world, a world deprived of image can be called a world. Beside and for the world not only images, but not wide-open abysses of images, that is, the endless duration of their production; a strategy of the gratuitous discovery of their negation. Making an image: let it arise alongside and not against, words and voices – let it find the time, give time, for a kind a space: a construction of the possible. VLADIMIR (to MILTOS): a content, a line of daily dismantling…. Just a conversation – an impossible content – can change the world: just beginnings, prefaces, intimations, paths of irruption of an opening, the procedure of oblivion: stations of oblivion: amnesy as the only civil war – a world without peace, is beyond the world: the world after a revolution…that melancholy that only at the levitating angels' feet can collect a number of off-mode computers: interrupted in their Potential. Beauty is contact; empty contact, a beauty without a tangent, a falling representation And the eye – that cannot see but it waters, *tertium datur* – one of the data… nobody imitates.

situated between ongoing vacillations of self and its projections in the world, between the pre-reflective – what Husserl would regard as the "genetic horizon" – and pro-actively engaged constitutions or what Husserl would call "passive syntheses." The nexus of the habitual and the actual is nonetheless not to be taken for granted is somewhat precarious as argued by Merleau-Ponty, in his *Phenomenology of Perception*, vacillating between one's existence within a body and how one's existence is at times carried out by actions and personal acts.

And then ... Merleau-Ponty, who against all odds develops a thinking outside the regimented space confinements of French philosophy of the time... and his thinking becomes a useful prosthesis to articulate the "flesh of the world" as a living membrane ... another paradox: naturalizing phenomenological probing in an unexpected place: the body of the world!

The history of philosophical reflections is never congruent with the thoughts-content of cogitations. Not even meta-history can settle this score between the genealogy of thoughts and their anatomy.

For Frege thought thinks itself (*der Gedanke denkt selbst*). The idea that the conscious content of the thought is removed from the first perspective of a thinking person even though each personal cogitation involves the objectivity of a thought. But there is a more allusive aspect to a thought which is "true" not in objective, propositional, logical ways but rather "true to itself" – namely, to the object

got under way. They surrendered to us. They asked us for survival at the price of deformation and abandonment, renouncing the beauty of harmonious bodies. Self-revelation came to them amid this absent-minded collapse – without dramas and without pride. No longer claiming to correct the horror of their human world, they devised stratagems to survive in the midst of that horror. We were those stratagems, with them as poor Christ-figures in our arms."

∘ ∘ ∘

"Pietà: the Madonna with her dead son in her arms. The story of his body is the document of our History: the mother (machine) as daughter of her son (organic male): circular evolution. A transcendence always happens in and through death. We flow into others: creators and creatures, made of light and heat and energy. And if something remains, it is that empty energy of displacement."

∘ ∘ ∘

With infinite pain the mother embraces her son, her inert motionless father. She knows it is a god who dies, the frail saver of strength who has created the occasion for his own disappearance.

"Cicada: How can the aspiration be appropriately represented by puffing out? How is desire symbolized by the winds?
Tansillo: He among us who aspires to this state, sighs, and also puffs out. And therefore the vehemence of aspiration is

THE TRAVELING BODY

conveyed to that hieroglyphic of a powerful puffing out."

(Giordano Bruno, *The Heroic Frenzies*)

° ° °

The windy air that produced organisms that produced machines that now produce an organism: transcendence does not exist without this reciprocity; this desire of ours to leave the cycle and then always return. Energy-transcendence: that minuscule god who guides Michelangelo's chisel like any hand-tool of an inventor. Transcendence that means not being important, except as a tiny part of an indefinite totality. From the wind that moved windmills, through the radiations that made humans ill and healed them, to the Web that revealed something of the mind to them, showing that it has no power, that it is air and energy, light and insubstantial.

° ° °

Ventosa, empty inside and moved by the wind, is rudimentary – an artist's experiment. But she exerts a great fascination with her innumerable legs, a soft thing amid so much metallic hardness, which retains a trace of the trembling organic roundness. When Palomilla and Cora arrived, Ventosa was swollen. You could clearly see the little being jump inside her. It was curled up, almost round. Ventosa's many legs moved slowly with a ripple effect, detecting any gust of wind or other disturbance, however slight, and moving to protect what lay inside her. The word "pregnant" existed only in the old human dictionaries, and now they were using it by analogy, but they did have a memory of animal

(it) of self. We can construe such aspect as the relative descriptive content of the thought in terms of its non-mimetic, non-representational form. A thought that can then replace the need to reference it to something or a state of affairs in the world and instead posits itself as its own body-space. In other words, a thought can give birth to a body-space and be used instead of a living body, a cognitive prosthesis that touches the spaces that the ordinary living body remains excluded from.

Perhaps the inevitability of prosthetic thoughts is that the body of the world had stopped being a passive container space and our own bodies are the world's subjective moments of itself.

Perhaps, we are just starting to witness that we are objects, extensions and conduits to the body of the world and not just its flesh. No longer our body is the sole medium of emergent boundaries and pores but our *prosthetic thoughts* are infused to the world networks and systems.

Yes, in a fashion close to a science fiction genre of incubating bionic limbs and conduits – thoughts exceedingly appear prosthetic – not without self but with themselves grabbing and adhering us, the agents of cogitation, into the whirls and vortexes of other «thinking agents», that is, other than us, humans.

Whether systemic or cyber do not disclose the dynamics of thoughts not separated in and out the mind or consciousness but a detour from a thinking self/agent/cogito into thinking bodies.

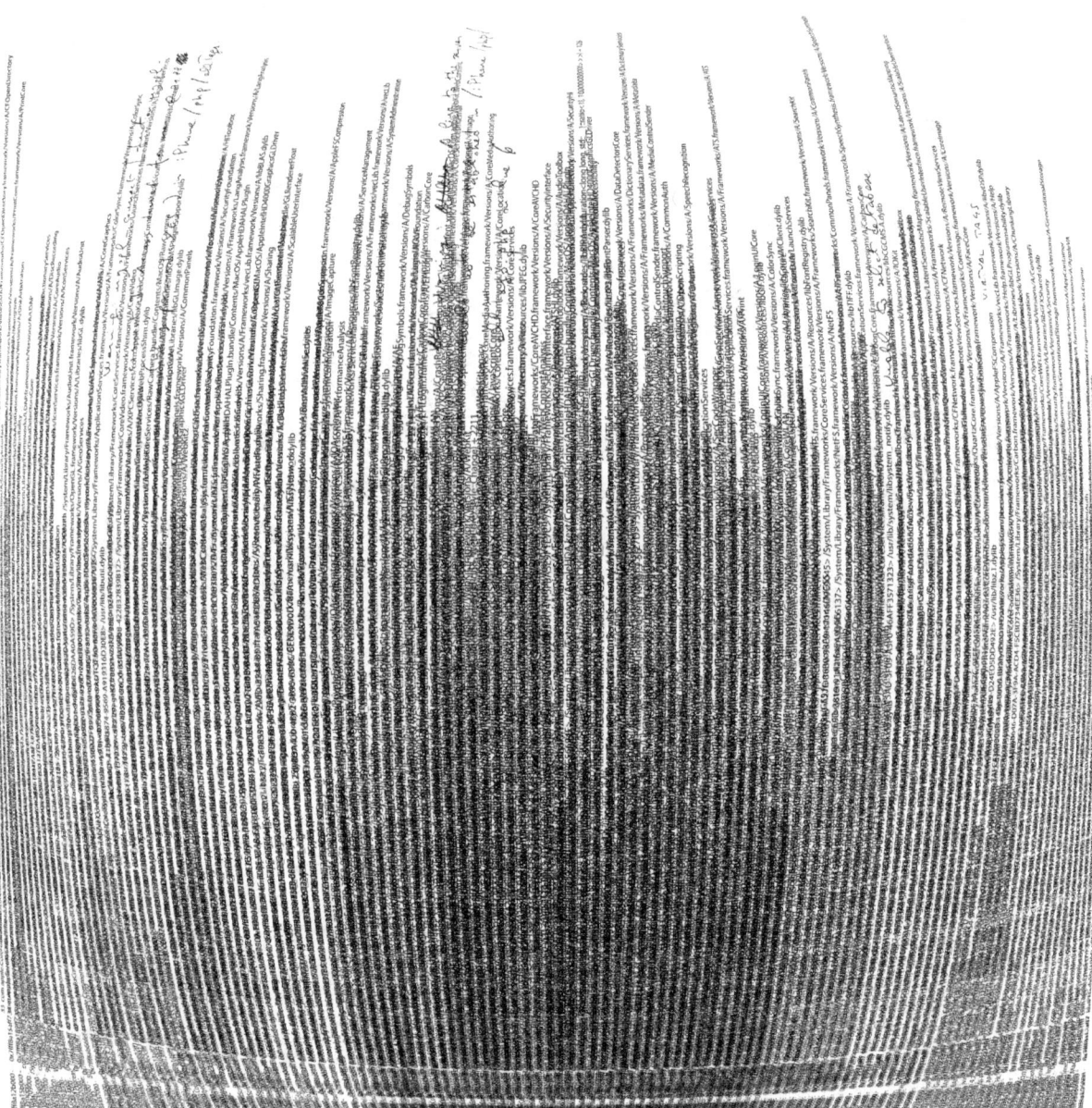

She rarely looks out of the window, not because she fears drones. No, not here, not in this body-space. But windows are a reminder of the distances between perception and actual space, something that has been eliminated by drones. We share now with rain clouds the retardation of sound. First the strike, the light, and then the arrival of sound as a cosmic trace of an event.

The prosthetic thought has a strong footage in military worlds where the double constitution of intentionality is subverted into a prosthetic cogitation. This is not unlike video games where the agent of thinking is no longer localizable as a self, autonomous and intending.

Drones are the transcoded prostheses of posited thoughts, twice enacted as a prosthesis: once as a thought without a thinking body and again as a thinking body without a self, the polarized "I," the domain of empathy. This produces the terror of drones as the elimination of empathy by the reduction of spatial relations to secondary to transcoding, which not only belong to barcodes but to tattooed numbers on the writs on the way to extermination.

THE VOICE OF STEPHEN HAWKING

Like the ominous computer voice of Hal in *A Space Odyssey 2001*, the cosmos is transcoded in the voice of Hawking and in American accent too that explains to us that:

"The universe is expanding ..."

"birth," of the production of female beings that could make themselves two.

° ° °

The meaning of Raymond Roussel's demoiselle, described in his novel Locus Solus

The demoiselle or paving-tamper was used to beat and compact the ground and to level streets. Roussel's demoiselle hangs in mid-air thanks to a little aerostat. Equipped with magnets, it carries and places human teeth of various shades on the paving, thereby tracing the outline of a knight errant asleep in a crypt. The demoiselle is controlled by air currents, as the magnets move with the right strength only with the right wind. Too much wind transmits too much force or pushes it in the wrong direction; too little does not move the compactor at all. For this reason, Canterel also uses a special instrument to predict the wind.

After the evolution of machines and the disappearance of humans, it was clear what sort of thing the demoiselle was: a complex inventor-machine, regulated by a tool to impart the amount of wind required to give it feedback energy (it comes down with each tooth and goes back up without it); the demoiselle therefore gives form (telos, beauty) to the outline, whose teeth represent the glorious but inert body (now lacking will or motion) of the knight in a crypt under religious protection – the body of the human who once generated it. The teeth, organic yet hard and enduring even after death, both alive and inanimate, are the tesserae for the mosaic that is at once alive and dead.

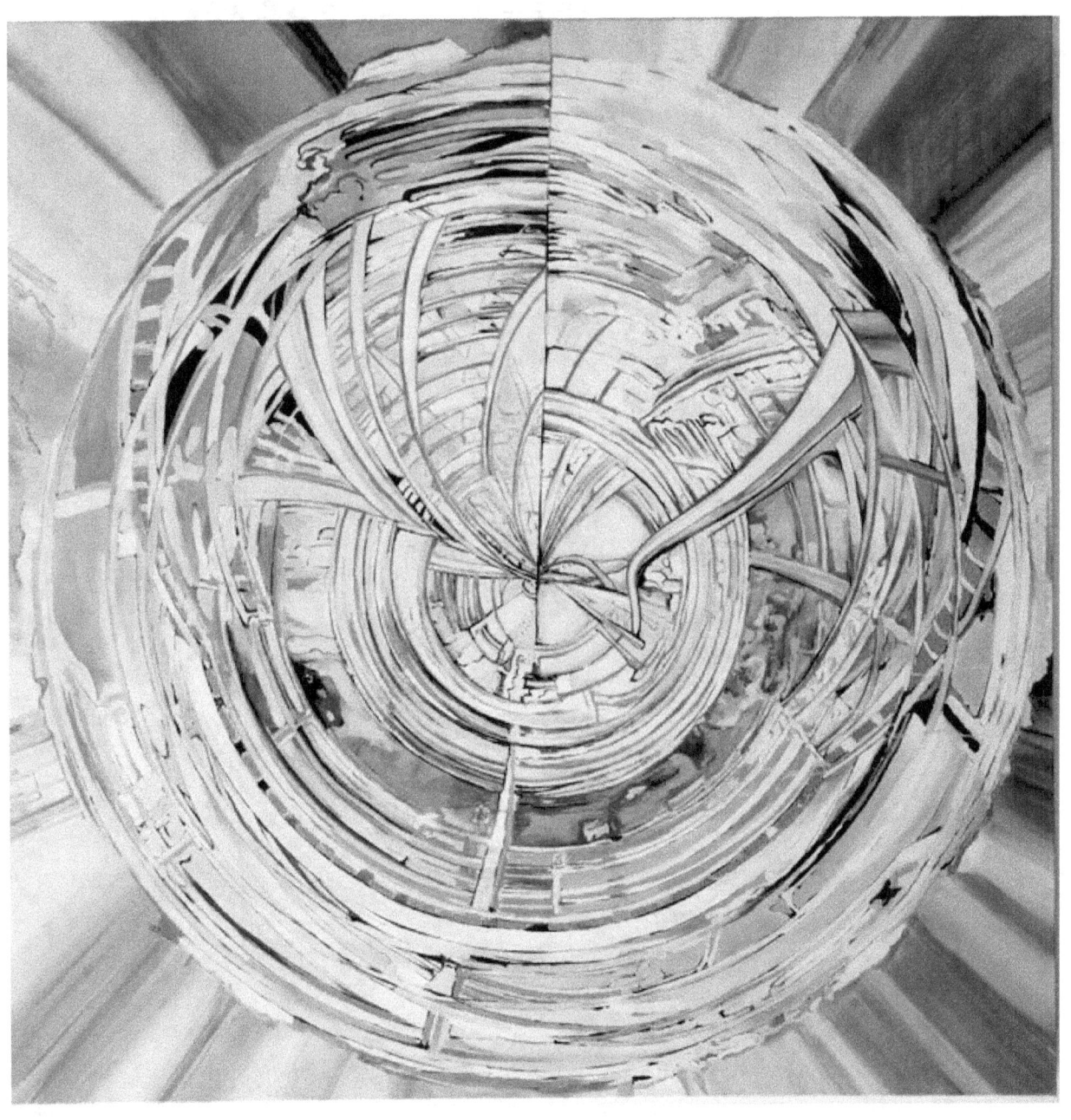

ACCELERATED ACCELERATOR (2010), OIL ON CANVAS
ADAM BERG

The cosmos and thinking, the thinking of cosmos and thoughts' relation to the cosmos is marked by the spiraling of ontological and epistemological boundaries and their dynamic emergence.

The thought of boundary conditions applies not only to the cosmos but also inasmuch to thinking itself. The spiraling of our thinking is repeatedly redefining the boundary conditions of the universe, both in size and nature, and equally our thoughts of the cosmos are reassigned "outside" our brains/minds onto the initial conditions of the universe as a physical system.

In her mind the interludes between thoughts weigh more than the thoughts themselves – she's certain in defying the decay of thoughts.

Hawking's voice is removed from singing and human texture is a robotically sounding voice that with its simulated computer bites takes us beyond the horizon of the body and human travel.

What is "the problem of empathy" if not a question posed now again and against, after a century of scientific and philosophical conversions of the self into "it," the prosthetic thought. His voice has an alien grain and when he talks, he does not really talk but rather transcode movement into speech and his speech is not human and we now recognize his astrophysical ranting as the voice of Stephen Hawking but it is not his voice either, it has become his alter voice, his prosthetic voice projecting once again empathy into space and once again explicating a self in the universe.

° ° °

"Will the wind ever remember
The names it has blown in the
past?"
(Jimi Hendrix)

From the gardens of the inventors, they called a midwife.

She arrived, her supple oily body damp at every pore. Sprouting various little bits such as toes, nails, hairs or eyelashes, she walked on her two legs as if they were rubber bands, tottering but never actually falling. Fired by internal blood at a constant pressure, she moved with a clumsy energy.

Keeping a certain distance, Palomilla asked her nicely to help out. The midwife looked at her and, not having a common language, spoke from the watery slits of her eyes. Like one of Aesop's animals.

According to a simulataneous translation that Palomilla made of her brain waves, she said: "Persist in your being, plunge your body into another's. Start your life again from the beginning. Be made of light and its shifting movements. But once there were opaque births that closed the gap in the dark of soft sickly flesh. Still, to be born was better than not to be born, because without that closing of the gap no eye would have plucked the spectacle of the universe from the darkness."

She drew closer to Ventosa, who slowly opened up. Using her strong arms, she made a way for herself among the wooden legs, inserted her arms inside

2/2/10 5:30 PM

Ermis
hey Miltos. Sorry for the inconvenience, but I saw your video
about existential computing, and I want to ask you if you
have any resources about the Multiverse theory

Miltos Manetas
Who are you?

12:12 PM

From the Screen (Skype) (2010)
Oil on Canvas
Miltos Manetas
Courtesy the artist, Bogota, Colombia

I wonder if Edith Stein would think differently about Stephen Hawking's transcoded voice in regards to the ability (ours) to feel with accuracy, viz., with an intellectual precision, what the "other" feels; to share something like a mental event that alludes to a language-game and helps us establish ourselves, self and others.

the ten able toes, extracted a soft creature and hugged it to herself, looking at Ventosa to show her how it should be done. Ventosa made a nest of legs. The little one did a somersault in there and gave out musical sounds, as if from a turntable centuries ago. The midwife said three strange words, which neither Palomilla nor Cora nor Ventosa understood: "It's a boy."

"unless the first epoch of natural convulsions…were to be followed by a second in which the human race were given the same treatment, so that other creatures might take the stage instead. [...] For man is a mere trifle in relation to the omnipotence of nature, or rather to its inaccessible highest cause."
(Immanuel Kant, *"Is the Human Race Continually Improving?"*)

Translated by Patrick Camiller

EFESTO RELOADED

Composizione per 10 mani

INTRODUZIONE

Composto per dieci mani, o per cinquanta dita. Una composizione che allude all'azione di codificare; a generare un testo o un libro in forma di "libretto polifonico". Un libretto per arrivare alla trascendenza: oggi nulla è più avvincente di trovare un senso a quel costante auto-trascendersi che rimpiazza l'idea "moderna" della "natura" e dei suoi "oggetti", tra i quali la trascendenza appare come il lato oscuro della natura stessa. Invece, la Tecnica, il lavoro di Efesto, è il modo originario di esprimere la trascendenza naturale che governa le cose mentre continuano a diventare ciò che sono.

La trascendenza, tramite sistemi e macchine cibernetiche, viene trasformata in veri e propri molteplici nessi di informazione. E tale "informazione" non è più concepibile come "postulato" o "oggetto", cioè come dato fisso, ma piuttosto è concepibile in termini di movimento, dinamica e vettori di forze e tendenze in un mondo/i o in piani che hanno trasformato le "relazioni" in "differenze" tra dati in reti di dati che generano nuove possibilità per i sistemi e si auto-generano continuamente.

Il reloading di *Hephaestus* non è semplicemente un reboot di sistemi o di reti dal punto di vista del corpo/cosa vivente o altrimenti dell'umano. Una vecchia matrice. Piuttosto, mette alla prova i confini del senso o del significato nel punto di convergenza tra agenti individuali (i "testi" o "voci") che si estendono oltre l'immanenza di un linguaggio o due, una o più intenzioni, uno o nessun corpo. In effetti, l'idea di trascendenza deriva dall'impossibilità di spiegare i piedi di Efesto in termini di "oggetto" e/o di "relazioni". La necessità maggiore, al momento, di fondare il discorso su di un piano materiale o puramente sostantivo della totale immanenza del reale, è arrivata al punto di perseguitarci sotto l'incantesimo di "fatti" e "post-fatti", "realtà" e "finzioni".

L'idea di trascendenza – come una specie di "nonostante" o come controtendenza resiliente rispetto a ciò che sembra marcare o porre la demarcazione tecnologica del corpo, il Sé e la sfera del soggetto (con le sue percezioni aumentate) – si dipana attraverso l'impossibilità topologica di demarcare i limiti interni/esterni del corpo, del Sé e del soggetto.

Nel cangiante mondo/i cibernetico delle macchine/organismi, e della loro interfaccia/estensione/aumento dei corpi, il contesto e il contenuto non rimangono più "dentro" o "fuori", ma vacillano e accelerano tra organismi individuali e collettivi e organizzazioni particolari e di sistemi, così formano e difendono una nuova topologia che traduce e transcodifica le strutture in superficie (forma), e la superficie (forma) in dinamiche sistemiche.

Ciò che sembra un nuovo fenomeno non è semplicemente l'impossibilità di districare e di chiarire il dentro e il fuori, la struttura e la superficie – come nel caso della condizione postmoderna – di corpi che non obbediscono più all'articolazione binaria degli opposti: organico/inorganico, naturale/culturale, neutrale/politico, oggettivo/soggettivo e soprattutto macchinico/sistemico; ma il fatto che questi nuovi corpi – da classificare come "ibridi" – sono marcati da una logica non-binaria, che richiede un nuovo valore di trascendenza, cioè, un punto di riferimento che sembra necessariamente altro rispetto agli elementi diadici in gioco e allo stesso tempo è generato da questi.

La trascendenza del reale e del virtuale in un "terzo" elemento deve essere analizzata attraverso i concetti di coincidenze post-binarie, triangolazione, ibridi, post-umano, combinatoria, per cui ciò che è, è sempre sul punto di divenire (qualcos'altro).

In ordine di apparizione, dalla colonna sinistra a quella destra del teso, incontriamo per primo il testo di Vladimir D'amora – *Veglia degli schermi.* Il suo testo è una poesia che lotta e cerca di dare un senso alla dominazione dello schermo, dall'i-phone al televisore, lo schermo sia come punto di partenza che punto di riferimento e di arrivo ad un significato, una trascendenza.

In un testo rifratto, simile al film *Videodrome* di David Cronenberg, il suo testo incarna uno schermo vivente e il descrittivo amalgama l'azione come in continuo movimento rispetto ai suoi margini curvi. Descritto come un dispositivo barocco, la convessità suggerisce qualcosa di importante per noi oggi in quanto: "Questo aumento non ha niente di un eccesso, di un rigonfiamento capitalista, di un in più, di un'aggiunta superflua, ma è un'espansione del reale, un'espansione che crea possibile nel reale."

Nel suo testo, *Che cos'è una teoria prima di sognarla. Calcolo essenziale*, Miltos Manetas ci invita a soffermarci nel suo intra-spazio, un topos esistenziale tra il "reale", l'effettivo e il cyber spazio del web, di internet, che implica il computing: "...A un certo punto ho avuto un'idea – spesso le idee mi vengono in mente con un titolo, e anche questa ne aveva uno: 'Existential Computing'. Ogni volta che ne esce un buono titolo lo registro come 'dot.com', 'existentialcomputing.com'." Il suo *Calcolo esistenziale* è una testimonianza-confessione sull'inseparabilità delle modalità dell'immanente dal trascendente in una esistenza post-rete per artisti e agenzie d'arte.

Ora, cosa accade alle composizioni testuali nelle loro nuove intra-narrazioni aperte come "voci", come un libretto? Il *Multilogue* al margine destro del libro, funziona provvisoriamente non solo come la convessità o come percezione aumentata, ma sembra anche essere un'illusione ottica che sposta la nostra attenzione sul codificare, sull'intreccio.

I margini di destra che aprono ad una polifonia di "voci" non sono più assegnati ad un singolo testo, ma piuttosto si espandono e proliferano come una "chat" o un "blog" che inscena una meta-comunicazione, una forma sia di commutazione che di comunione con un testo "sacro". In un certo senso il multilogue è un movimento contro, ma anche verso, il *libro* come *mano-scritto* e offre un testo composto per dieci mani e che orienta l'attenzione agli aspetti manuali dell'edizione e questa volta senza il "lavoro" manuale, ma piuttosto un'opera aperta... come fossero strumenti musicali, pur se basati sui computer, le mani eseguono la composizione e in modo analogo anche questo libro – uno scritto-a-mano – è composto per dieci mani che risultano in più voci.

schermo attraverso il quale la nostra sensazione e percezione si trasformano in un nastro di Möbius testuale.

Nel testo intitolato *Il corpo che viaggia*, Adam Berg esplora la "presenza" del corpo come un ente viaggiante non più ristretto al viaggio nel mondo esteriore, ma invece attraverso una nuova modalità trascendente, la "voce" di Edith Stein o di Stephen Hawking, come la percezione aumentata introdotta dalla tecnologia dei droni, che ci offre un viaggio trasversale con e senza il corpo, definendolo forse solo provvisoriamente, in quanto transitorio e fugace "ora". Come sostiene, "Le tecnologie virtuali con le loro connettività ai network danno vita a una nuova forma di impulsi trascendenti che rimpiazza intercambiabilmente il senso del movimento (e del viaggio) del corpo vivente con la sensazione fisica del movimento – sensazione cinestetica."

Nel suo testo, *Eleos*, Brunella Antomarini tratteggia e mette in scena la genealogia di robot e di cyborg attraverso un dialogo immaginario con cui le protagoniste, entità robotiche femminili – come marionette che prendono vita, animate – in un futuro immaginario, in cui gli umani sono stati sostituiti come enti decisionali, rimpiazzano o si "rivoltano" contro l'autorità del testo e dell'autore umano.

Ad esempio, *Palomilla*, un robot fototropico ideato da Norbert Wiener, come suggerisce il testo, "ruotò di 180 gradi sulle sue tre ruote, raccolse i suoi ricordi e raccontò che dentro i corpi degli umani c'erano più di cinquanta minerali e che quindi avevano una certa dimestichezza con i materiali che chiamavano materia inerte, inanimata". Da questa premessa, si sviluppa una storia e ci appare nei suoi effetti necessari.

In *Convessità*, Alessandro De Francesco sostiene che l'ottica dello specchio convesso non è più un campo di percezione diviso tra oggetto e la sua illusione. Piuttosto, "l'interfaccia" e "l'intra-faccia" suggeriscono convessità in tutte le direzioni e vettori così da sovrascrivere il concetto dualistico e binario di "Sé mediato" e la sua percezione e suggerisce invece una "installazione" interattiva e aumentata dove il centro-ottico, punto-focale, è

estensioni degli enti cibernetici per come appaiono in un costante stato di flusso come "*mezzo*" (trascendente) di media e mediazioni.

Nella tradizione greca, il Coro nel teatro e il Dialogo in filosofia (il *Simposio* di Platone), impostano la "scena" per un evento o un pensiero. Comunque, la messa in scena è libera solo di esser percepita, cioè, gli scambi o i sub-dialoghi vengono lasciati fuori, così da rendere la scena e lo sfondo come il "mondo" o il "testo" con il loro *telos*. Il multilogue è un modo di resuscitare la genesi o l'inizio come molteplice, come polifonia e il tipo di conversazione e conversione tra gli "autori" risveglia un antico fantasma che germina perennemente nel futuro.

Il multilogue testimonia le discussioni, le email e le telefonate, che ruotavano attorno alle scelte di un titolo; siamo partiti con Efesto come fonte di germinazione e ci siamo poi avventurati per idee e concetti che non riuscivamo a decidere se lasciar fuori o portar avanti; essendo i testi porosi "ai confini", il multilogue diveniva l'interiorità dei testi, al punto che recuperammo il titolo iniziale e decidemmo per Efesto: sì. Efesto *reloaded*...

La forgiatura di Efesto dei metalli, del fuoco e di altre gesta tecnologiche non si è fermata con gli Dei – Efesto come creatore delle loro armi – ma è stata poi incorporata nello stesso piano della *physis* o Natura che si forgia autonomamente, come un artificio onnipresente. Se la sfera naturale, nella sua genesi greco-romana, si instilla in ogni tipo di animale, le così dette creature mitologiche, allora il loro spostarsi al di fori della sfera della *physis* verso quella dei soggetti, prima ha fatto un'apparizione trasformazionale con la possibilità della fusione di animale+macchina, poi animale+macchina+computer, e infine amalgami trans- e intra-codificati che sono indifferenti alla divisione concettuale organico/inorganico.

Ma i nuovi organismi hanno trasformato non solo i loro "linguaggi" in "codici", risultando nella costruzione di "mondi" che sono, nella prospettiva del nostro secolo, tanto immanenti e "dati" quanto sedie, alberi e foreste. Ricaricare Efesto implica non il semplice emergere di un nuovo tipo di dato tecnologico, ma piuttosto la triangolazione di "dati" di tutti i tipi con un'energia trascendente che orchestra lo sfondo e il primo piano dell'esistenza che non ha bisogno di un piano intermedio stabile e fisso. Infatti, il tropo del calcolo esistenziale inchioda nella sua ricerca semantica le molteplici

VEGLIA DEGLI SCHERMI
Vladimir D'Amora

Io

chiedo a chi ha le chiavi, se posso continuare a
                                    perdere possibile.]

Chiudono ogni potenza nell'atto, nella realtà di
                                    una spesa]
pomeridiana domenicale, tra barattoli per varie
                                    specie]

di animali ignorano
il proprio, irreparabile cannibalismo. Anzi si
                                    scannano]
in questa dimensione dell'assenso di distanza
                        bisogna]

recitare la parte senza faccia
riconoscibile.

Non possiamo spegnere gli occhi schermi sono
queste mani fuse
a chi domani resterà sui lati cibarsi di storia,
ché siamo nati nel ventre appiccicoso noi, dopo
                                    millenni]

di una musica nel petrolio dove cercare la solita
destinazione e dove vietare un passo,
oltre la gomma,
hanno convocato macchine simili e distratte
da un'ogiva crollata a una puttana

IL CORPO CHE VIAGGIA
Adam Berg

IL PENSIERO DI UN DRONE

In questi giorni lei esce raramente di casa. Sembra come se il mondo avesse fatto ingresso nella vita non dalle porte, finestre, strade, caffè o parchi, ma piuttosto è come se si fosse insinuato direttamente nelle sue vene. Continua a guardare e riguardare le notizie su uno schermo e questo le ricorda il ruolo della fantasia.

Successivamente Husserl avrebbe scritto in proposito in maniera molto differente dal senso che lei dà all'empatia e sicuramente differente da quello di Heidegger che l'aveva aiutata a correggere e pubblicare *La fenomenologia della coscienza interna del tempo*.

Per questo la fantasia, come il pensiero, non viene mai lacerata dal soggetto cogitante. L'immanenza di ogni cogitazione include l'atto e l'oggetto dell'intendere come uno nella sua realtà ed irrealtà. Droni che bersagliano il nemico, che eliminano e rimuovono il pericolo. L'empatia che lei ha identificato nello spazio tra il corpo vivente e l'empatia stessa, è stata rimossa. La fantasia dello spazio-corporeo è stata rimpiazzata dallo spazio-oggettivo di

ELEOS
Brunella Antomarini

"In a sense, the cyborg has no origin story in the Western sense"
(Donna Haraway, *Simians, Cyborgs, Women*).

In ordine di apparizione:

Palomilla: negli anni Quaranta, Norbert Wiener inventa e costruisce Palomilla, un robot fototropico che si avvicina o si allontana dalla luce a seconda dell'intensità – è sia un insetto (che scappa dalla luce) che una falena (che va verso la luce). L'eccesso di luce fa tremare l'insetto che così indietreggia – così riproduce il telos e l'apprendimento per tentativi ed errori. Nel maggio del 1950 fa uno spettacolo teatrale al MIT con Palomilla che risponde ai suoi comandi, facendo errori e correggendosi grazie a due funzioni opposte, chiamate Moth (falena) e Bedbug (pulce).[1]

Cora (Conditional Reflex Analogue): è un robot costruito con i pezzi del robot Elsie e quando incontra un ostacolo emette un fischio. Dopo un certo numero di

---

1 Norbert Wiener, *The Human Use of Human Beings* (London: Free Association Books, 1989), 165.

ADAM (ad ALESSANDRO): Sono curioso di sapere fino a che punto il carattere paradossale dell'arte di assemblare/disassemblare il reale, come tu stesso hai sottolineato, sia connesso alla modalità trascendente situata nel virtuale in senso lato (nell'uso del termine che ne fa Deleuze). Si avvicina al concetto di Ranciere delle variabili fittizie dell'arte che caricano la realtà di sensi nuovi e spesso politici?

ALESSANDRO: Credo che un'arte intesa da un lato ad aderire al reale e dall'altro a modificarlo sia un paradosso produttivo. Per questo il concetto deleuziano del "virtuale" e del livello

CONVESSITÀ
Alessandro De Francesco

CALCOLO ESISTENZIALE
Miltos Manetas

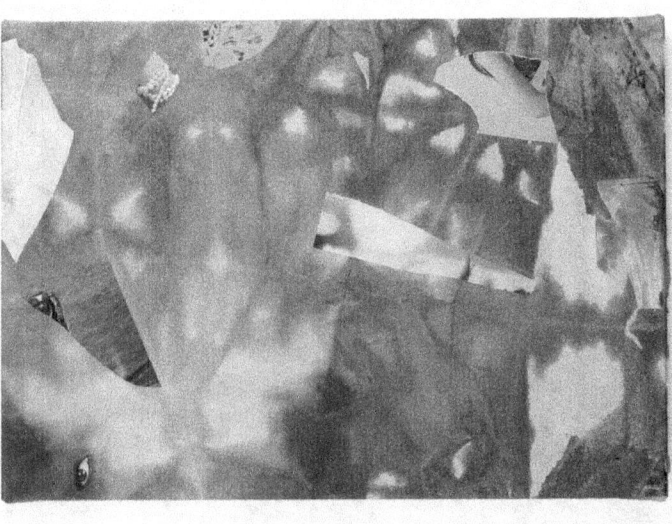

PRANA VATU (2016), COLLAGE AND MX DYE ON CANVAS
KAITLIN McDONOUGH

spesso volumi sferici appesantiscono i rami degli alberi   talora sono fatti di foglie convesse che ritmano il paesaggio   altre volte da condensazioni bianche dove scavano gallerie   i rami allora tracciano archi   passaggi di sotto   cunei lunghi

dentro i volumi   nelle intercapedini scavate dai vettori   o nella tana vuota ricoperta di foglie vengono forse posizionati obiettivi che abbracciano un ampio arco di paesaggio cercando informazione

Chinandomi verso il frigo percepisco ora due tipi di convessità. Questo corpo che si espande verso l'esterno, che fuoriesce dal muro, può contenere o cercare informazione, ma in un caso questa convessità è dovuta al turgore di questa pulsazione che cerca il reale, che cerca di toccare il reale e di uscire da sé, dalla percezione di sé come identità per creare esperienza e incontro. Questa convessità può aumentare la percezione nell'esperienza della percezione: reale aumentato. E, con esso, un desiderio non proiettato, non proiettivo, ma attuale: l'amore.

Il primo dicembre 2006 è stato un giorno difficile per me. A un certo punto ho avuto un'idea – spesso le idee mi vengono in mente con un titolo, e anche questa ne aveva uno: "Existential Computing" ["Computazione esistenziale" N.d.T.]

Ogni volta che ne esce un buono titolo lo registro come "dot.com", "existentialcomputing.com" – un altro sito...

Ma un sito ha bisogno di contenuti, e io ho passato buona parte del resto di quel primo dicembre 2006 a creare il contenuto per existentialcomputing. com: doveva essere un'illustrazione della mia "buona idea" e quale miglior modo per illustrare qualcosa se non registrarti mentre ne parli? Così ho iniziato a fare un video e poi l'ho pubblicato su YouTube. Il problema di pubblicare qualcosa su YouTube è che si può guardare immediatamente; ma guardare qualcosa che hai pubblicato è totalmente diverso da guardare il video di un altro, soprattutto quando chi sta nel video a parlare sei tu. È molto raro che qualcuno si piaccia la prima volta che si vede in video – specialmente se non si è un attore professionista. Io non sono un attore professionista e non mi piaceva come apparivo in quel primo video per *Existential*

politico dell'estetica, potrebbero essere modi differenti di descrivere un'apertura verso una "possibilità" o verso una serie di "possibilità" nel reale. Modi di rendere l'impossibile possibile e allo stesso tempo di rendere il non-verbale verbale.
ADAM: Mi chiedo se sia giusto dedurre una differenza tra i dati (informazione) e la conoscenza basata non solo semplicemente su aspetti di ridondanza e di produzione di significato (mi viene in mente *Differenza e ripetizione* di Deleuze), ma su di una ignoranza intenzionale e premeditata di ridondanza e di ripetizione come fattori decisionali della conoscenza.

dai liberi
sorrisi di pietra.

non sapere quanti cieli e se sono
nella volta di uno schermo eternamente spento
nel sangue ricomprato
dove scorrono universi
di concentrazione e l'umana
epoca la gioia nel perimetro
che avvolge come la sera
tinge il contorno dei frame
lo screziato muscolo
assente o dell'insoddisfazione incerta – è un titolo
di questi esseri
animati a poco
e in lontananza
in ogni possibile che si rintana
eterno.

Poi progettammo una macchina per darci baci. Semplice, lucente dietro, porosissima davanti, dove spiccavano dei vassoi retrattili: come ci avvicinavamo, così sparivano, si ritraevano e senza rumore noto. I baci schioccavano, le melense intenzioni cadevano in evidenze toste, negre, così da individui, ci trovammo esistenza, sparsa per l'intera gamma delle possibilità programmate, senza soggetto. Giocammo a lungo, intere ore passate a giocare, il gioco ci prese lingue e bocca, ci

un cadavere: il danno è fatto – guerre senza inizio né fine.

Un drone è la traslitterazione di un pensiero protesico: doppiamente cogitato. La prima volta come apparato volante arpionato e controllato dal nostro sistema nervoso e la seconda volta nello stimolare fantasie di annichilimento, morte e violenza.

È raro che lei guardi dalla finestra e non perché abbia paura dei droni. No, non qui, non in questo spazio-corporeo. Ma le finestre sono un promemoria della distanza tra la percezione e lo spazio reale, ciò che è stato eliminato dai droni. Ora condividiamo con le nuvole il ritardo del suono. Prima arriva il lampo, la luce e poi il suono come la traccia cosmica di un evento.

Il pensiero protesico trova un vasto repertorio nel mondo militare in cui la doppia costituzione dell'intenzionalità viene mutata in cogitazione protesica. In modo non diverso dai videogiochi dove il soggetto pensante non è più localizzabile in quanto Sé autonomo e capace di volontà.

I droni sono protesi transcodificate di pensieri postulati, usati doppiamente come protesi: la prima volta come un pensiero privo di un corpo pensante e la seconda come corpo pensante privo di Sé, del polarizzato "Io", il dominio dell'empatia. Questo

ripetizioni, il fischio avverte della presenza dell'ostacolo e Cora lo evita.[2]

Animaris Currens Ventosa è un'opera d'arte di Theo Jansen, costruita nel 2007. L'automa è un grande insetto di legno con molte gambe che si muovono con l'energia eolica. Vive sulla riva del mare e si ferma quando l'acqua la lambisce.

Elsie (Electro-Light-Sensitive-Internal-External) è una tartaruga elettronica, chiamata Machina speculatrix, inventata da Walter Grey intorno al 1948, che si nutre di luce e si riposa quando è piena. La sensibilità di Elsie dipende dal voltaggio interno. I suoi movimenti passano per tre stadi: 1. con meno di 5.5 volt cerca la fonte di luce e si attacca alla presa che le dà corrente. 2. con più di 7 volt smette di cercare e di nutrirsi. 3. Tra 5.5 e 7 volt cerca il massimo della luce. Ognuno dei tre stati è possibile solo grazie al precedente.[3]

– Vediamoci nella radura, disse Palomilla, in mezzo alle foreste dell'ex-Amazzonia, circondate dalle case-fabbriche, quelle distese di aree sonore che segnano i confini tra città e città, tra quartiere e quartiere.
– Nella radura, rispose Cora, per andare a trovare Ventosa, che è incinta?

2 Pierre De Latil, *Thinking by Machine: A Study of Cybernetics* (Cambridge: Riverside Press, 1957), 247.

3 Ibid., 208.

ALESSANDRO: Penso che il punto sia la costruzione dell'esperienza di un tipo di conoscenza che vada oltre i dati standardizzati e codificati. Se la ripetizione riguarda un codice di rappresentazione, deve allora esser sovvertito. Se riguarda una litania, una preghiera che muta o che aumenta la relazione senso-mondo, allora è nella ripetizione che si può trovare la sovversione, o ancora, la possibilità.

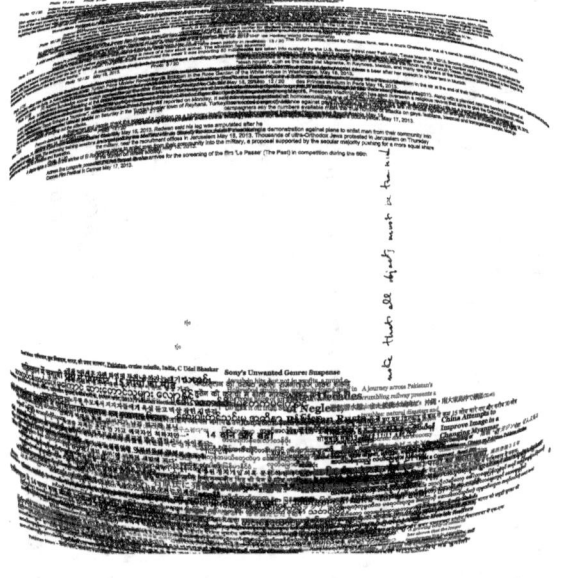

Augmented Writing – AWL_7 (2015)
ALESSANDRO DE FRANCESCO

Oppure è un obiettivo convesso, un grandangolo che raccoglie dati e traccia un arco sempre più grande di rappresentazione, o meglio dà questa possibilità a chi la sfrutta, perché non c'è rappresentazione senza montaggio. Il montaggio avviene dopo. Nell'immagine tele-visiva il montaggio e la produzione non vanno insieme come in fabbrica; entra in scena la post-produzione. Lasciato quell'angolo buio della cucina, quel momento di apertura, viene costruita una storia con i dati raccolti, una storia che anche quando non viene venduta come vera, che sia quindi finzione o giornalismo poco importa, monta nuovamente la realtà dopo essere stata montata, perché costruisce una rappresentazione del reale, e con essa delle proiezioni di identità, basandosi essa stessa su un codice grammaticale preesistente.

L'arte, per questo, è paradossale. È iconoclasta con le immagini, *grammoclasta* con il linguaggio. E monta essa stessa, con il *ready-made* forse meno che in certi film, ma comunque l'arte coglie porzioni di reale e le isola per poi rimetterle in relazione. Chiameremo questo processo paradosso del montaggio. Ritagliare altrimenti il reale contro i codici del consenso, contro la retorica dello spettacolo, ritagliare il reale con il linguaggio per avvicinarsi ad esso, per avvicinarsi adesso, editare la percezione contro l'editing, non significa forse ridiventare padroni del reale? Si tratta di creare esperienza, ma non in modo ludico, interattivo. L'installazione

Computing che ho registrato e pubblicato ad un certo punto dopo pranzo quel primo dicembre 2006 nel mio appartamentino su Old Street, a 350m da Hoxton Square a Londra. Quindi l'ho cancellato e ho registrato un secondo video, che ho pubblicato e poi cancellato, e così una terza e una quarta volta.

A Londra, a dicembre fa buio molto presto, quel giorno fece buio intorno alle 16:30. Il tempo passa molto veloce quando si registra e si pubblica, e a un certo punto, mi sono ritrovato nel bel mezzo della notte esausto, ma con un video definitivo, finalmente mi piaceva, eccolo qui:

h t t p : / / w w w . y o u t u b e . c o m / u s e r / e x i s t e n t i a l c o m p u t i n g

Contento di ciò, andai a dormire solo per poi svegliarmi la mattina dopo e realizzare che quel video non descriveva la mia idea iniziale di *Existential Computing* e che era invece qualcosa a sé, qualcosa che durante quell'infinito dicembre si è tramutato in una conversazione che "può cambiare il mondo" e quindi probabilmente aveva un senso registrarla e pubblicarla. Comunque, il concetto originario di *Existential Computing* è sparito dalla mia memoria, l'unica cosa che a quel punto mi ricordavo era che si trattava di un grande concetto rivoluzionario e quindi molto importante da ricordare. La teoria dell'*Existential Computing*, insieme all'inizio di

ADAM: È possibile considerare l'"essere-due", questa dualità non-dualistica, come una modalità trascendente che spieghi ad esempio perché "Facebook" sia una realtà metaforica precedente le sue modalità virtuali ed immanenti? Forse la bacheca di Facebook rivela qualcosa di nascosto nel nostro spazio normativo analogico che produciamo?
ALESSANDRO: Facebook, con la sua "bacheca", produce dualismi come identità, come occhiali di identità ed una codifica della rappresentazione. La comunità che ne risulta è distorta

costringeva in maree di sentimenti assunti e, nello stesso istante, respinti. Crollavano imperi docili, si ergevano frasi contente. Una malia formosa, catturata in circoli foderati di coriandoli tutti azzeccati e presenti, ma invisibili. Fu un fallire impigliato nella dominazione del fallimento. Una dannata federazione di pulsioni e di pulsanti, di fughe e di funzioni, di bitorzoli e di biscotti, la somma ci richiedeva una trasformazione senza piega: getto e caduta, interna guerra e resto ingressato. Accettammo. Cioè passammo a distruggere la macchina. Ne costruimmo un'altra. Minus mihi in hac re notus sum ipse quam tu.

come pensiero parola è andata oggi a punti
                       distanti come se]
le ossa
se ne stessero
mute non si possono lavare i pianti udire quella
            mano dentro al fruscio]
di schermi di un segreto incolume e nomi e scarti
di un'essenza barrata messa in una piazza
nel vuoto di distanza lasciamo crescere
                     acquedotti ancora]

deturpati e la vita e la lotta e tu
sembri illesa
o solo stanca.

produce il terrore per i droni come eliminazione dell'empatia dovuta alla riduzione delle relazioni spaziali secondarie rispetto alla transcodifica che non è propria solo dei codici a barre, ma anche dei numeri tatuati sul polso, prossimi allo sterminio.

Più nello specifico, come sostiene Joseph Pugliese nel suo testo "Prosthetics of Law and the Anomic Violence of Drones",[1] i droni nella loro realizzazione protesica hanno un significativo fine politico.

° ° °

"Chi legge conosce, ma chi viaggia conosce di più."
(Antico proverbio egizio)

"E' proprio un peccato viaggiare e non riuscire a cogliere il valore fondamentale di un paesaggio. Non serve un sesto senso: è lì, basta chiudere gli occhi, respirare dolcemente dal naso e potrai sentire il messaggio sussurrato, ogni paesaggio pone la stessa domanda con lo stesso sussurro. "Io ti sto guardando – tu ti stai guardando in me?" La maggior parte dei viaggiatori ha troppa fretta...sta tutto nel cercare di viaggiare con gli occhi dello spirito spalancati, senza reverenza, distrattamente, ma con una vera attenzione interiore: è necessario averla per sentirlo... una volta che sai come, è possibile estrarre l'essenza di un luogo. Devi solo stare immobile come un ago e ci sarai."[2]

1 Joseph Pugliese, "Prosthetics of Law and the Anomic Violence of Drones", Griffith Law Review 20, no. 4 (2011): 931–61.

2 Lawrence Durrell, Spirit of Place: Letters And Essays On Travel (New York: Open Road Media 2012), 127.

– Sì, i droni mi hanno riferito il suo messaggio – lei ne è molto sorpresa. Lei, che abita sulle rive dell'ex-Giappone, lambite da un'acqua piena di plastica, compatta come mercurio, lei – così mi ha detto – un giorno ha sentito che stava dividendosi in due, una mitosi a cui la nostra vita macchinica non è abituata.

° ° °

Come mai, Palomilla, se le specie animali si estinguono e altre emergono senza forzature, interpolate da chips elettronici, che ne dirigono l'attività neuronale evolvendo verso dove è meglio per tutti, come mai, se il super-sistema autopoietico rileva automaticamente dove c'è bisogno di rimpiazzare o procurare macchinari viventi, come mai, se tutto è interconnesso a tutto nella nostra grande natura tecnologica, nell'armonia prestabilita dalle macchine, come mai, dico, ora Ventosa è incinta?

° ° °

La radura si trova tra immensi quartieri, divisi per clusters di lunghezze d'onda. I suoni determinano i cambiamenti di spazi. Ogni quartiere è protetto da sfere di cristallo, dove tutto si auto-ricicla, nelle materie prime, nei mezzi di sostentamento, nei beni di consumo, negli agri attrezzi, nelle case, negli avvicendamenti delle mode, negli orti interni e nei corpi animali geneticamente modificati e dove i centri di produzione producono esclusivamente i mezzi di

dalla sua stessa non-immanenza, ma è proprio nella sua natura metaforica, standardizzata come reale, che diventa pericolosa. Mentre l'essere-due nel senso che sto provando a descrivere e che comprende anche l'eros e l'amore, è una dualità non-dualistica. Un incontro, intendo un incontro reale, produce uno smembramento di identità fisse.
ADAM: E infine, leggendo il tuo testo, Convexities, mi sono chiesto: cosa intendiamo per percezione se non è mai diretta e non mediata? E in quanto tale, quanta geometria è compresa, o comprende, la percezione prima del percepire?

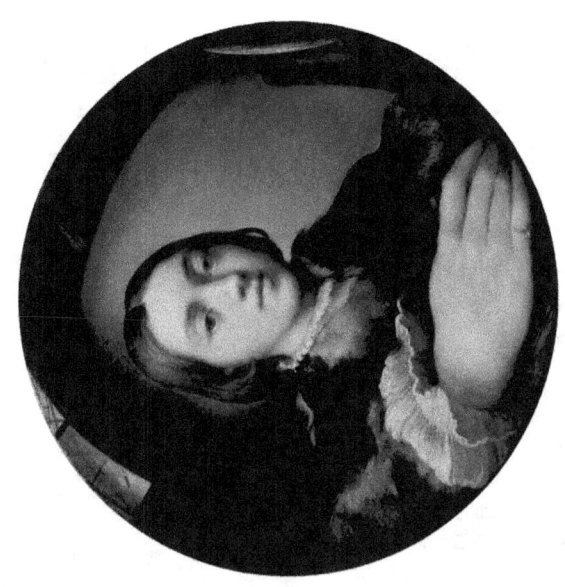

AUTORITRATTO ENTRO UNO SPECCHIO CONVESSO (1523-1524)
OLIO SU TAVOLA CONVESSA
FRANCESCO MARIA MAZZOLA DETTO IL PARMIGIANINO

interattiva: un'altra interfaccia-intrafaccia. Si tratta di creare esperienza, piuttosto, per un possibile del vedere, anzi del sentire. Lo si può forse fare anche con lo schermo o con i suoi derivati "aumentati."

un filo trasparente vibra non sembra attaccato a niente né dall'alto né dal basso ed è molto difficile stabilirne la lunghezza il suo ondeggiamento non è dovuto all'aria e ha qualcosa di corporeo anche al tatto ogni tanto la vibrazione diventa fremito altre volte è immobile e sembra aspettare nel tempo lo spessore aumenta poi si riduce poi aumenta di nuovo

Ci sono due modi di divenire così come ci sono due tipi di virtuale. Divenire in permanenza qualcosa d'altro ha a che vedere con forze esterne, che ci trascendono anche se crediamo di averle fatte nostre: è una proiezione. Si diviene qualcosa d'altro o qualcun altro perché ci si vuole, o deve, conformare, a modelli che sono in cambiamento permanente essi stessi, anche nella nostra mente. Divenire nel reale, invece, significa scendere nel tubo, nella clessidra di vene, scoprire che quella nube di pensieri al mattino, ancora a letto, contribuirà mesi dopo, insieme ad altre nubi e ad altre architetture, ad un cambiamento. Nel primo caso divenire significa

quella conversazione registrata e messa su YouTube la notte prima, poteva cambiare il mondo!"

Quindi provai a ricordare, provai e riprovai...niente. Non me la ricordavo. Ero deluso da me stesso, dalla mia memoria, ero deluso dal mio istinto performativo che richiede sempre di registrare e pubblicare cose che non sono una traduzione diretta dei miei pensieri ma che sono invece – o almeno possono diventare – "l'inizio di qualcosa".

Passò un anno e nel 2007 – ancora addolorato per la perdita della mia grande idea di *Existential Computing*, che ora sembrava esser andata per sempre, con quel solo video su YouTube a sua testimonianza, accettai di tenere un seminario, commissionato da una giovane curatrice, alla Hayward Gallery di Londra.

Mi chiese "Qual è l'argomento del tuo workshop?" "*Existential Computing*, un argomento di cui non so nulla. Mi ricordo solo che una volta ne sapevo qualcosa..."

Il 3-3-2007, alle 13:33 si aprivano le porte della Hayward Gallery di Londra. Era un giorno di presentazioni, doveva essere dedicato alle nostre scoperte sull'*Existential Computing*. Dopo la presentazione sarebbe iniziato un party. Non c'era alcuna scoperta, quindi... Il seminario era iniziato qualche

ALESSANDRO: Forse il punto sta nel cambio di paradigma suggerito da geometrie alternative, dalle geometrie non-euclidee e n-dimensionali al quadro di Parmigianino. Si tratta di produrre una percezione "aumentata" del reale per ridurre la distanza, per rendere l'esperienza più diretta e non mediata. Come si può indurre? Come si può incoraggiare? L'arte può avere un ruolo in questo processo. *Convexities* è un titolo polisemico: la convessità è sia quella della rappresentazione, data dall'oggettivo, sia quella della curvatura che prepara ad un interstizio di possibilità.

1. Rivoglio le tue ossa mobili l'estrema cura giace
nel tuo annichilare]

il sito di vita del nulla al nulla
un tremito si può solo nominare tra l'aria e la casa
la mia]

custodita et carni di tutti dove unico
è lo schermo e insiste

ché io ricordo l'imbarazzo sulla fronte come un
colpo]

solo della luce

2. Mi accollo oggi le colpe del tempo l'egestas
che rabbrividisce nell'ombra dimentica e il suolo
è stritolato]

dai pezzi di un'impudente
ascesi.

E sono quindi solo un filo corto respirante come
oggi]

si espira simili ai plessi che sfigurano
il sangue; dietro posso accampare un altro
desiderio che funzioni.

3. lucciole prestate a questo schermo hanno pezzi
facili e connessi]

all'aderenza immensa labile una vita era la
duna sciolta dentro al sole e al luogo

"Dalla prospettiva del punto zero d'orientamento guadagnato nell'empatia, non devo più considerare il mio punto zero d'orientamento come tale, ma come un punto spaziale tra i tanti. In questo senso, e solo in questo, imparo a vedere il mio corpo vivente come corpo fisico alla stessa maniera degli altri."[3]

Il viaggio è sempre stato messo sullo sfondo rispetto ad altri luoghi, mentre il corpo occupa il primo piano del viaggio stesso, persino di un viaggio forzato!

Immaginarsi un viaggio senza corpo implica una condizione trascendente che contempli una triangolazione tra luoghi reali e immaginari, vissuti con o senza corpi reali ed un campo che non sia percepito né localizzato come luogo.

Husserl, in *Meditazioni cartesiane*, distingue due categorie fenomenologiche del corpo, articolando il cambiamento della relazione tra corpo e movimento (cinestesia):

Tra i...corpi (Körper) di tale natura trovo quindi il mio corpo (Leib) unicamente singolare... Percepisco con le mie mani, toccando cinesteticamente, guardando con gli occhi, ecc... e così posso percepire in ogni momento, mentre queste cinestesie degli organi continuano nello "sto facendo" e sono soggette al mio "io posso"; inoltre mettendo in gioco

---
3 Edith Stein, *The Collected Works of Edith Stein: Volume III, On The Problem of Empathy*, trad. Waltraut Stein (Washington D.C.: ICS Publications 1989), 35.

---

produzione, dove il disgusto di uccidere per mangiare è stato civilmente superato dalla simulazione dell'ecosistema. Dicevano in antico che il cielo fosse fatto di sfere di cristallo, ma non era una teoria del cielo, era una previsione, o la poesia di Aristotele.
Le sfere sono cassa di risonanza dei suoni, delle eco, degli spostamenti di onde, piccole e continue compressioni, che creano minuscoli squilibri sopportabili, che disfano un'onda nella successiva, trasmettono energia e producono vita. La musica è uno squilibrio sopportabile. La città è governata dal vuoto materiale di una musica dallo squilibrio sopportabile se si modifica costantemente, se è generata da macchine che si organizzano facendosi penetrare dal suono che irradia lo spazio.

o o o

Palomilla, la grossa testa tonda sorretta da tre morbide ruote, Palomilla che porta il nome della trisnonna – il robot che col suo tremore davanti alla luce si rese per la prima volta indistinguibile dall'organico – si volse verso Cora – metà organica metà meccanica, ricomposta con i pezzi smontati di Elsie, la sua bisnonna:

– Non lo so, Cora, dev'essere stato qualche errore nella macchina a darle un potere che prima non aveva, forse uno squilibrio intervenuto a correggere l'equilibrio entropico, che è l'assenza di problemi. C'è sempre un impulso a reagire alla tendenza entropica. Non siamo anche noi figlie del tropismo,

---

ALESSANDRO (ad ADAM): Leggendo il tuo testo ho l'impressione che il trascendente e l'immanente siano situati allo stesso livello.

ADAM: L'immanente e il trascendente semplicemente cambiano "posizione" o "situazione" a seconda della percezione di cosa sia in "primo piano" e cosa in "secondo piano" rispetto all'esperienza. Ciò che voglio dire in *Travelling Body* è che il concetto di "piano intermedio" spesso viene represso o soppresso filosoficamente. In altre parole, trovo l'intuizione fenome-

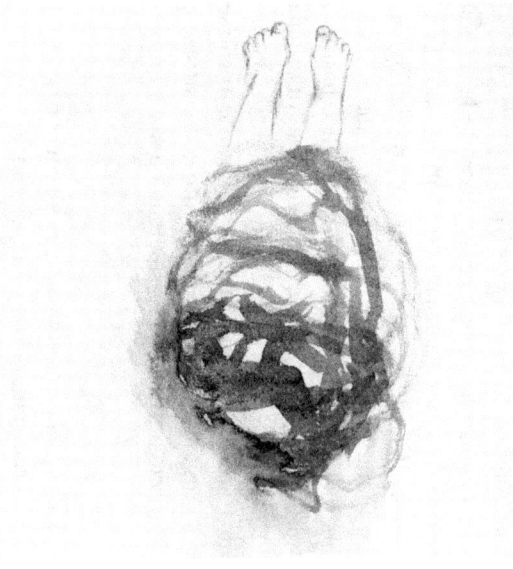

divenire appunto qualcun altro, nel secondo caso divenire se stessi. Divenire nel reale significa fermarsi su quell'apnea della percezione e ingrandirla fino a sgorgare. E soprattutto significa imparare a scegliere, e scoprire che ciò che crediamo oggi una scelta non lo è, perché ci viene venduto come scelta. "Vendere" e "come" sono due parole spesso complementari.

Allo stesso modo, il virtuale digitale non ha niente a che vedere con il virtuale nel senso in cui lo intende Deleuze. Il primo è, forse non sul piano ontologico, ma certo politico (anche se già per la televisione Pasolini si chiedeva dove cominciasse un piano e dove finisse l'altro), un modo per reificare nell'interfaccia la proiezione del divenire non scelto. Ultimamente il virtuale diventa aumentato, confermando questo processo. La realtà aumentata non aumenta la percezione, ma aggiunge semplicemente una porzione di ambienti digitali agli ambienti esperibili. È un supplemento. Con supporti come l'HMD (*head-mounted display*) e il cinema 3D si cerca di ridurre la cornice tracciata ormai da più di un secolo con lo schermo, e da ben più tempo con il teatro e la pittura, ma di per sé il piano ontologico non cambia.

Fare un salto nello spazio curvo.

settimana prima frequentato da un pubblico molto vario – molto interessante – incluso Malcolm McLaren, l'inventore dei Sex Pistols nel XX Secolo.
– Stai formulando una nuova versione del troubleshooting [risoluzione di problemi N.d.T.], l'idea dell'infelicità nel XXI secolo? Mi chiese schietto Malcom dopo esser arrivato alla Hayward.
– L'idea dell'infelicità nel XXI secolo – un modo strano di metterla! Sì, proprio così.
Risposi.
– Probabilmente è l'idea dell'*Existential Computing*, ma non so dirti molto in proposito. Con questo seminario stiamo cercando di ricostruire ciò che era quando mi venne in mente, più di un anno fa, ma non abbiamo fatto molti progressi.

Ne stavamo parlando a Waterloo Sunset, un mini padiglione che l'artista canadese Dan Graham concepì come una "goccia nel mezzo", per bambini anziani, uno spazio per vedere i cartoni", era lo spazio che la Hayward Gallery assegnò al mio seminario.

Intorno a noi c'era la città – il Waterloo Sunset è uno spazio trasparente, i treni passavano a una cinquantina di metri da dove stavamo parlando, i passanti su un ponte, le nuvole intorno, ecc. Un buon numero di inutili computer stava per terra: i laptop che avevano portato i partecipanti al seminario, in quei giorni chiunque portava ovunque un computer con sé…Erano inutili perché erano digitali, tradu-

nologica di Edith Stein, nella sua prima fase femminista, che il corpo trova il suo spazio tra un "Raum-Körper" (spazio-corpo) sullo "sfondo" e un "Raum-Ich" (spazio-io) "primo piano", il che permette all'empatia di emergere, una lettura evocativa che implica due significati radicali: primo, non vi è una convergenza verso un "fuori" (come il piano trascendente) verso i modi in cui le modalità immanenti e trascendenti del corpo vengono esperiti. Secondo, la misura in cui il pensiero di Stein sia parallelo alle tecnologie virtuali, che si possono trovare nella triangolazione delle modalità immanente e trascendete del corpo con l'esperienza cinestetica del viaggiare.

quel moto impulsivo, cioè quella fame omeostatica che ci ha dato movimento interno, forza viva, e vita?
– Quella che gli umani chiamavano libertà?
– Sì, la libertà di attrazione e repulsione della luce e del calore.

○ ○ ○

"Che la macchina sia viva o no, è una questione semantica."
(Norbert Wiener, *The Human Use of Human Beings*)

Cominciò con la leva: l'attrezzo che solleva un oggetto troppo pesante per un braccio e che dunque lavora al posto del braccio. Misurando la distanza tra il punto di forza e l'oggetto da muovere gli umani cominciarono a delegare alle macchine la propria libertà. Maggiore la distanza tra l'organismo e l'oggetto, più facile diventa lo spostamento dell'oggetto. Quindi più debole è l'intervento umano, più libertà si concede alla leva. Un semplice bastone, trasformato in attrezzo, diventava padrone della forza umana. Poi le tenaglie, poi il giunto di Gerolamo Cardano, il primo servo-meccanismo. Anche se era l'organismo a usare l'ambiente come attrezzo, l'attrezzo era un complesso organico-macchinico.

○ ○ ○

— La leva, che era l'inizio della loro fine e la nostra preistoria, limitava l'uso del muscolo, lo risparmia-

In questo momento la nostra immagine alterna è fatta di interfacce tecnologiche come il GPS (Global Positioning System) che sono incorporate in un network ancor prima di relazionarsi con l'esperienza corporea. Il corpo cinestetico (*Körper*) è intrecciato con l'esperienza cinestetica per via di un corpo vivente (*Leib*) e questo legame si impiglia quando, ad esempio, un GPS virtuale inverte la relazione causale tra i due e l'esterno e l'interno vengono regolati dalle stesse forze cinestetiche. Tali impercettibili forze di movimento minano alla base la doppia struttura del corpo come vivente e come fisico.

La duplicità del corpo vivente e fisico si manifesta nella genesi del sentimento e dell'empatia in cui l'Io diviene un posizionamento o un ponte relazionale tra i due. Qui l'Io non si tramuta in un costrutto fisso come l'"ego", ma piuttosto in un atto direzionale e intenzionale di collegamento. In questo contesto è importante notare l'elaborazione di Edith Stein sull'empatia:

4 Edmund Husserl, *Cartesianische Meditationen und Pariser Vorträge*, ed. S. Strasser, 2d edn. (Dordrecht: Kluwer Academic Publishers, 1963), §44, 128.

queste cinestesie, posso spingere, respingere, ecc, e così possso direttamente e poi indirettamente agire corporalmente (*leiblich*).4

sfitto
di un altro dolore.

4. Sentirsi mani e carni snocciolate al gioco di
                                        questi spruzzi]
lo schermo
è un'altra corsa stamane stramazzata nel colore
di memorie
adatte alla coniugazione
un arto
dentro
nel mare
è stato facile ogni minuto di nessuna
storia e esplode.

5. così algebriche e assolute le tue
somiglianze ad atomi di vento stupendosi dei fili
                                        nell'umile]
misura parti si smontano con quella confusione
di una chiazza di un'utilissima pasta è sole o
                              schermo o aggancio]
a schiume di meccanica corrispondenza
disperata.

6. e i sensi e la paura nella terra e sui polsi nella
                                                  cara]
consistenza di mitischermi
e di sorrisi

ALESSANDRO: È possibile "viaggiare senza muoversi", senza passare dall'alterazione delle droghe o dalla rappresentazione e la codifica di dati che permetterebbero la creazione di un'interfaccia / ambiente necessari a questo tipo di viaggio?

ADAM: Sì, l'interfaccia/ambiente è necessaria, ma non senza un piano trascendente che non sia immanente né all'ambiente né ad una particolare interfaccia. Quindi, il "viaggiare senza muoversi" è un'esperienza illusoria che si disvela in un evento neurologico, costituito da movimenti neuronali. Il momento fondativo del viaggiare non è lo spostamento virtuale o reale del corpo, ma il prendere posto fuori, dentro o in un piano trascendente il corpo.

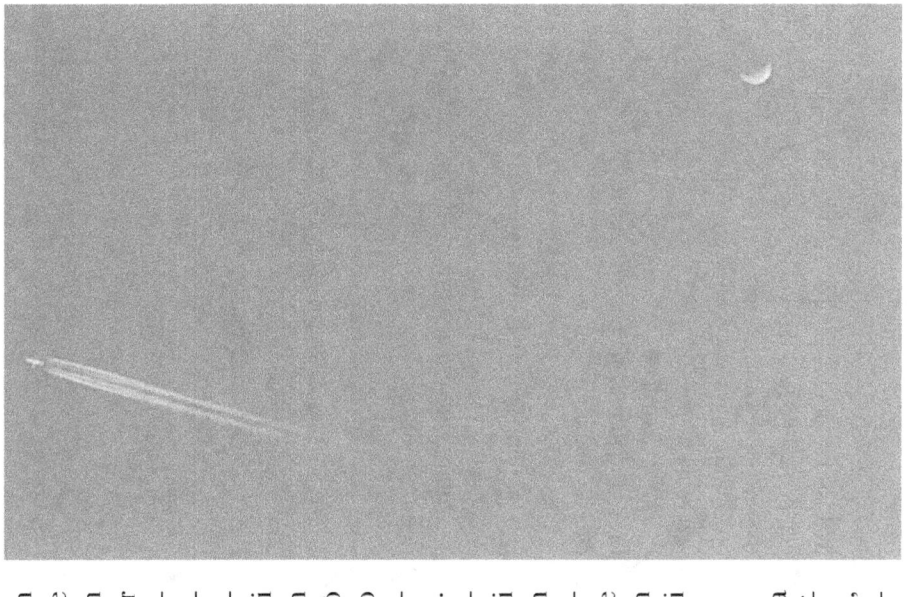

CELLPHONE IMAGE (2018)
BRUNELLA ANTOMARINI

Così come con i telefoni cellulari lo schermo diventa una protesi molto più diretta, anche se resta, per ora, frontale. L'interfaccia diventa progressivamente un'intrafaccia. È così che la proiezione si reifica, e la realtà, quale che sia il suo livello cognitivo, tende a diventare reale. Tende. Tende che fluttuano e si muovono con il vento della sera, perché la finestra è aperta, sventrata, è un buco che è anche una sfera, un abisso convesso, un obiettivo più che una prospettiva.

Con l'altro virtuale si dispiega invece uno scenario del possibile all'interno del reale. Anche perché il possibile non può esistere se non nel reale, altrimenti non è possibile, è rappresentazione. L'immaginazione non è immaginario, non è una koinè proiettante sulla base di un algoritmo che ci lega, l'HMD in questo mondo virtuale è fatto di carne, non ha una forma definita e scompare nel cervello: è un modo di guardare senza immagine. Quest'altro virtuale è virtuale perché prospetta un'alternativa che non risponde a un codice o ad un criterio. Non c'è né canone né consenso democratico, piuttosto la comunità si unirebbe nel possibile.

Quindi ci sono anche due tipi ben distinti di non-dualismo. O meglio il non-dualismo 1, che chiameremo non-dualismo 2 perché è un dualismo (avrei dovuto invertire anche l'ordine delle due forme di divenire e di virtuale per far tornare tutto, ma

cevano la realtà solamente in vari Uno e Zero e non c'è molto da fare con due bit, se non collezionarne di più. Infatti Malcolm, che proprio non era un "un collezionista", non è mai stato un fan dei computer e se ne è sempre tenuto una certa distanza: lo incuriosivano i giovani che li usano, credeva che i ragazzini tra i 4 e gli 11 anni ci potessero fare cose pazzesche. Ero ossessionato dalla diceria che i bambini più o meno di quell'età potessero manipolare in modo incredibile i computer, e fu questo che portò Malcolm al mio seminario, ma, ahimè, era soltanto una diceria! Solo le persone oltre i vent'anni erano veramente interessate a quello che volevo fare. E non solo non c'erano bambini, ma mancava anche un gatto. Chiesi agli organizzatori di trovarmi un gatto, spiegando loro – senza successo – che un gatto era un elemento essenziale per quel seminario in particolare. "Senza un gatto, non si può fare molto" dissi loro, ma non mi hanno creduto e in qualche modo, neanche io mi diedi fiducia e quindi accettai di andare avanti senza gatto.

Avevo portato al Waterloo Sunset qualsiasi cosa pensavo potesse aiutare a ricostruire l'idea dell'*Existential Computing*: dei poster del Manifesto-Neen, animazioni Neen, fatte da Neensters che sfortunatamente avevano già più di vent'anni, oggetti evocativi e talismani, ma soprattutto cercai di portare "internet!"

ALESSANDRO: Ciò che tu chiami "gradazioni" può esser visto come un modo di decostruire l'identità individuale tramite un concetto cinestetica del corpo? Oppure, tramite un anti-psicologismo come la "voce sintetica di Stephen Hawking?"
ADAM: Entrambe. Stiamo solo iniziando a stare al passo con i mondi interiori di interfacce e di reti tecnologiche che spesso provocano l'irrigidimento del corpo vivente (pensa, per esempio, ai problemi al collo e alla schiena causati dal computer o dal tablet). La voce di Stephen Hawking è un "piccola" ma promettente vittoria, grazie alla quale il corpo handicappato

tutto e ti dico tutto
è troppo largo
e anche tuo.

1. Non possiamo più crescere insieme. E' sera; e
non c'è]
già
vento. Né gli occhi spingono al fondo mai delle
nostre linee. Abbiamo finto; e ora resta la ragione
scordata non torna l'immagine bianca, intatta.
La rinunzia alla pace
fu tutto. Ora la spartizione delle facce, fuori
la vita separata e ci mancheranno i semplici gradi
di un piano della somiglianza. E stiamo
uscendo e all'inizio resta
questa
come illusione nuova.

2. Da li i semplici idoli. Entrare in sommo
sgombri]

e senza più esistere. Ma nel continuo
godimento ai limiti è tradurre su
l'immagine ferita ore che sono
come
di più dal sole
rincorse.

E ci appressiamo alla noia quasi una dignità:
tornando trasformati

La distanza delle parti del mio corpo [*Leib*] da me
non è paragonabile con la distanza fisica degli altri
corpi da me. Il corpo vivente come intero è al suo
punto zero dell'orientamento rispetto a tutti i corpi
fisici fuori di esso. "Corpo spaziale" [*Leibraum*] e
"spazio esterno" sono completamente diversi tra di
loro. [...]. Il corpo vivente si costituisce come corpo
senziente (percepito corporealmente) e come corpo
fisico percepito esternamente. E in questa doppia
datità viene esperito come lo stesso. Perciò ha una
collocazione nello spazio esterno e riempie una porzione di questo spazio.[5]

Le tecnologie virtuali con le loro connettività ai
network danno vita a una nuova forma di impulsi
trascendenti che rimpiazza intercambiabilmente
il senso del movimento (e del viaggio) del corpo
vivente con la sensazione fisica del movimento –
sensazione cinestetica. In altre parole, in un viaggio virtuale lo "spazio-corporeo" (*Leibraum*) e lo
"spazio-esterno" divengono indistinguibili tramite
l'"Io" consapevole e senziente.

Questo groviglio categorico tra *Körper* e *Leib* può
esser stato un luogo comune in tempi preistorici
quando i movimenti nomadi delle società di cac-
ciatori/raccoglitori non avevano ancora stabilito il
loro habitus. Nella misura in cui habitus significa
la strutturazione della storia e della memoria nella società, allora implica anche, come affermato da
Pierre Bourdieu, lo scordarsi determinati schemi di

---
[5] Stein, *The Collected Works of Edith Stein: Volume III*, 35.

---

va, era il trionfo del fragile, che poteva sopravvivere
anche senza forza. E l'umano diventava sempre più
confortevole e passivo.

° ° °

La leva: il titano tra dei e umani, cioè tra umani e
macchine.

– Gli umani erano lenti, non emettevano elettricità
o onde corte, come noi, erano fatti di proteine, molecole complesse, stabili ma con meno energia delle nostre molecole semplici. Noi colpiamo bersagli
velocemente, loro si soffermavano a raccogliere
passato, a inventare futuro.
– Non c'è mai stata natura senza tecnica e umano
senza macchina.
– Non ti ricordi che cosa dicevamo di loro, in quel
breve frangente che per loro era un'intera epoca di
transizione?
– Credevano che avrebbero potuto farsi un'immagine ancora più precisa di se stessi.
– E che cosa accade invece?
– L'immagine era sempre più imperfetta, svaniva
dentro la nostra. Eravamo noi il loro compimento.

° ° °

"To every probability there is an opposite possibility"
(David Hume, *A Treatise on Human Nature*).

---

e debellato viene transcodificato verso sbocchi cinestetici che possono essere percepiti come discorso e possono generare stranamente empatia sufficiente in questo nostro freddo spazio cosmico.
ADAM (a BRUNELLA): Sembra che un tacito eppure preponderante aspetto del tuo testo "ELEOS" è che: la sessualità, e più nello specifico la relazione tra femminismo e corpi robotici

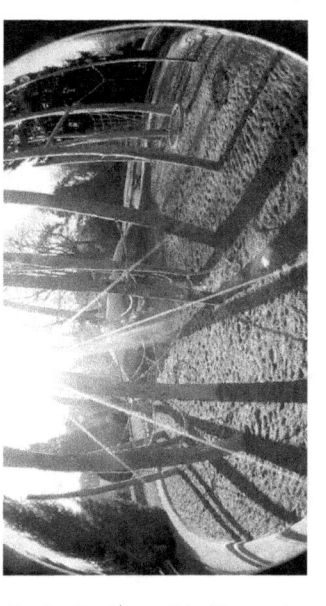

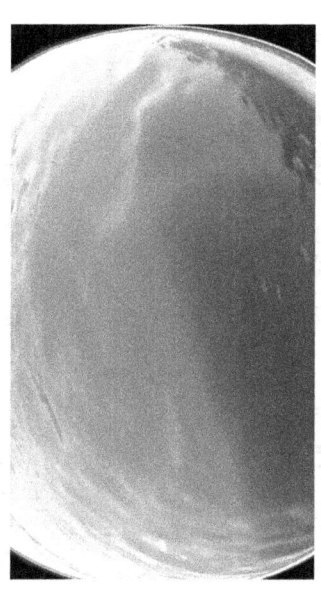

(((– *Film* (2017) VIDEO STILLS
ALESSANDRO DE FRANCESCO

quando tutto torna…), non è appunto un non-dualismo. Il non-dualismo 2 è in un certo senso quello del cyborg. Thierry Hocquet crede cha una "filosofia cyborg" significhi "pensare contro i dualismi"[1], o quantomeno introdurre una perturbazione nel pensiero, ma dimentica la rappresentazione. Se il cyborg esiste, allora è semplicemente parte dell'esistente; il fatto poi che sia difficile decidere se la protesi è la parte organica o inorganica è un problema secondario, che lasciamo al cyborg, che di problemi tra l'altro ne ha già parecchi. Se poi un tale cyborg riesce a liberarsi dal dualismo come costruzione di un consenso dell'immaginario, della rappresentazione e della (pseudo)scelta, tanto meglio per lui/lei. Se il cyborg non esiste o esiste come concetto, non smuove di un centimetro le vecchie categorie. Più che un non-dualismo è in questo caso una metafora, figura dualista per eccellenza, ovvero una proiezione di unione di opposti che non introduce perturbazioni nello script.

Oggi può sembrare assurdo, ma a quei tempi non c'era connessione alla Hayward e i curatori erano molto felici di provare a portarla. Ma non ci riuscirono. Fornire una connessione internet in un luogo pubblico nella Londra del 2006 era più complicato di quanto si possa pensare, e infatti la connessione arrivò troppo tardi, quando il mio seminario era già finito. Ricordo di aver scritto ai curatori:
"Non avere internet in un posto, significa che quel luogo esiste in un tempo passato, ma certamente non nel 2006."
"Ma va bene comunque, cerchiamo di fare il seminario, datandolo prima del 1994."

Anche se all'epoca il web non esisteva, internet c'era già e l'idea dell'*Existential Computing* poteva già esser ben concepita da qualcuno.

E così iniziò… "Non so di cosa sto parlando" – dissi ai miei ospiti e descrissi come l'*Existential Computing* mi era venuto in mente e come poi era sparito lasciando alle sue spalle solo un video.
"Mandiamo questo video e guardiamolo insieme. E' un video di 3 minuti, 3 minuti e 7 secondi a essere precisi."
– Ciao. Dico all'inizio del video…
– Ciao. Sono Miltos Manetas.
– E questa è una conversazione, tra te e me. In qualsiasi momento, quando hai qualcosa da dire, metti per favore questo video in pausa e registra il tuo

o cyborg, sembra andare oltre la barriera binaria con cui fa presa, e sembra offrire una triangolazione con il cyborg. In questo senso, una Palomilla trascendete non ha mai un genere, giusto?
BRUNELLA: Se ho capito bene la domanda, Palomilla è un essere che, emergendo creativamente da una tecnologia umana, non ha sesso, per come lo intendiamo noi. E quando Ventosa da vita ad un umano (grazie a quel tipo di feedback circolare descritto in tutto il testo), loro stessi non capiscono cosa stia accadendo. Questo è il "trascendente…"

1 Thierry Hocquet, *Cyborg philosophie: penser contre les dualismes* (Paris: Seuil, 2011).

– Quando poi inventarono una forma di leva che effettuava un secondo movimento, risultante dalla conclusione del primo (sollevare) e che avviava la ripetizione del primo, scoprirono la retroazione, il feedback: poteva succedere che l'attrezzo, nel permettere il movimento di un oggetto, producesse anche una reazione che determinasse il ripetersi di quel movimento.

– Per esempio?

– Per esempio Erone Alessandrino, forse del I secolo d.C., inventò l'eolipila, una sfera cava di metallo, sospesa sopra un recipiente d'acqua che bolle al fuoco, e il suo vapore entra nella sfera e poi sale attraverso due fori da cui escono due tubicini. Il vapore aziona il movimento rotatorio della sfera. Era il primo motore a vapore, il primo annuncio della nostra nascita. La mano umana imprimeva l'impulso iniziale, la macchina poi non ne aveva più bisogno. L'intelligenza era in quel vuoto da riempire, omeostaticamente, era l'aria, il vento che trasformava l'energia meccanica in energia cinetica, l'energia che spostava spazio. Poi vennero il pendolo, l'orologio ad acqua, il baille-blé, il motore a scoppio, i primi robots di Giovanbattista della Porta, Vaucanson, Kempelen, Manzetti. Poi le nostre nonne, come Elsie, il robot fototropico in moto perpetuo e oscillante, alla continua ricerca di un equilibrio, grazie allo squilibrio che la faceva muovere… Erano tutte pronte per quel tremore, quella indecisione, che era già capacità di apprendere, correggersi, evol-

comportamento. E se ora lo scopo "dimenticato" - dei memi è individualizzato, l'"occultamento" dei rapporti con le pratiche corporee viene ulteriormente problematizzato una volta che i sistemi e le reti (ad esempio i social media come Facebook o Twitter) trasformano l'*habitus* in tendenze sociali, che sono in sé movimenti sociali di massa, flussi cinestetici di massa.

Oggi, grazie alle nuove tecnologie e ai social media, siamo dei corpi in viaggio.

Ora, questi impulsi trascendenti sono palesi nella triangolazione del corpo e del viaggio in un flusso continuo come dinamiche vacillanti tra lo sfondo ed il primo piano, ma forse anche come il risultato della tirannia del territorio intermedio (i network come internet) che allo stesso modo hanno eliminato l'orizzonte come condizione stabile.

Una volta stabili, gli orizzonti costanti, le viste panoramiche del paese o della città – la Recanati di Leopardi – vengono rimpiazzati da sfondi sfuggenti (gli orizzonti passati e futuri) a seconda della localizzazione dello sguardo e del suo primo piano avvolgente che diviene una delle tante possibili facciate del territorio intermedio del network.
Il soggetto trascendente è ineffabile e può esser registrato solo in frammenti.

io crescerò d'immagini fino alla prossima, eterea missione
fra le magie del sogno e di un devolversi compiuto.

3. senza pretendere nomi ai nomi,
cercarono nella manciata di pietremare
un sé che persero legati
al tempo nuovo come figli di mitici
fermagli d'immagine alla finestra
stettero dopo il levarsi di specchi
da pareti
nel battito.

4. ma ora stanno divenendo attuali e soli e nel
visibile]

di una limpidezza potentissima e perfetti
come una stella, custodiscono
cervicali solitudini o un'immagine solida

e altrove senza occhi, dalle tenebre
di una fine rimandata estraggono
pena dalla terra se stessi o umidi
doni scambiando foglie
che sono state tradotte
con la vita
in hac trama.

ADAM: La tua posizione sulla trascendenza mi sembra cruciale per decodificare "l'origine" di Palomilla (anche come cifra e solo come protagonista/antagonista).
BRUNELLA: La trascendenza è la misura del bisogno di evitare la fine del movimento. Il dispositivo deflettore-acceleratore (il compito della valvola regolatrice nelle macchine e in natura) è onnipresente, usato come mezzo per unificare due mondi apparentemente opposti: quello naturale-umano e quello tecnico-meccanico.

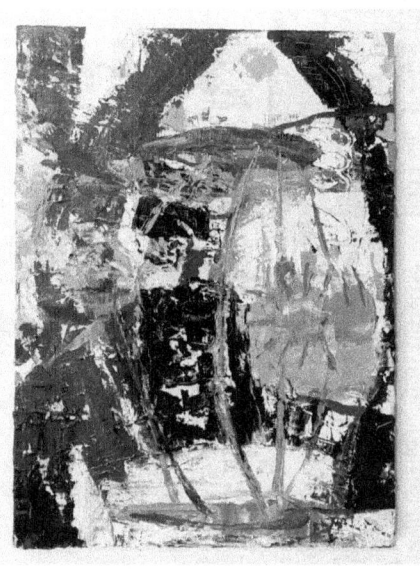

HEARTSPACE (UNSUBSCRIBE) (2017), OIL ON CANVAS
KAITLIN MCDONOUGH

alla stazione centrale di amsterdam le scatole ovoidali di plastica gialla proteggono i circuiti che mettono l'obiettivo convesso in relazione con lo schermo di sorveglianza e probabilmente anche il motore che permette alla telecamera di ruotare la curva di questo oggetto che fuoriesce dal soffitto e il colore della superficie lo rendono visibile a tutti i dati sono registrati

Pensare contro il dualismo, o meglio al di là del dualismo, richiede un'operazione ben più sofisticata ed anche sofferta in un certo senso, tanto più sofferta quanto più saremo stati abituati all'interfaccia o all'intrafaccia. L'unione uomo-macchina, da William Gibson ai Kraftwerk, non fa parte in sé del discorso sul non-dualismo. Ne fa parte soltanto se questa unione, che sia protesica o frontale, aggiuntiva (come nell'HMD) o incarnante (come nel cyborg), mobilita una critica della rappresentazione. Pensare in forma non-dualista è un fattore che ha unicamente a che vedere con il divenire e con il possibile. Un fattore tanto cognitivo quanto politico, e in modo indissolubile perché nel non-dualismo la percezione è legata alla scelta.

messaggio. Poi postalo su YouTube e mandami il link così che io ti possa rispondere.

– Voglio dare un tema a questa conversazione. Il tema è la nostra nuova vita. È un tema complesso, ha a che fare con le nostre macchine intelligenti. Questo è ciò che chiamo *Existential Computing*, e ha a che fare con la nostra percezione della realtà.

– Oggi ci sono nuove informazioni sulla realtà. Secondo molti scienziati, viviamo in un Multiverso. Ci sono più versioni di noi stessi, ognuna vive in un mondo parallelo. In più, secondo pochi, ma ben rispettati scienziati, il tempo non scorre. Qualsiasi cosa possibile, è già accaduta da qualche parte e ciò che percepiamo come cambiamento, è una sorta di illusione.

– Fino a ieri, idee come questa erano considerate esoteriche, ma oggi è l'osservazione del mondo che ci porta in questa direzione. Quindi, dovremmo iniziare a pensare in maniera differente, dovremmo iniziare a vivere le nostre vite in maniera differente. Forse dovremmo modificare il nostro linguaggio, forse ci servono nuove parole per dire a noi stessi che ciò che sta accadendo ora, sta anche non accadendo, che c'è una versione di me che sta registrando questo messaggio e un'altra ancora che non lo sta registrando. E che io sono quelle due versioni di me e molte altre ancora.

– Le tue domande – o le mie risposte – potrebbero essere d'ispirazione. Ricorda che, in un altro uni-

ADAM: Credi che il trascendente di cui parli qui, con i suoi sotto toni di tristezza, sia la manifestazione di una "pietà" arcana che ha preceduto quella organica e come la tua citazione di Jimi Hendrix (*Will the wind ever remember / The names it has blown in the past* – Ricorderà mai il vento/i nomi che ha soffiato nel passato?) è oggi possibile incontrarla ancora attraverso la mediazione/interfaccia di un cyborg?

Il viaggio nello Harz è, e resta, un frammento e i vari fili che lo avvolgono così chiaramente, con l'intenzione di legarlo in un tutto armonioso, sono stati improvvisamente spezzati, come con la forbice del destino implacabile. Forse un giorno li intesserò in nuovi canti e che ciò che è ora trattenuto e compresso, verrà espresso nella sua pienezza, ma solo quando di infine quello che abbiamo detto arrivare a essere una sola e stessa cosa, ammesso che riusciamo a dirla. Le singole opere possono restare frammenti, solo se formano un tutto dalla loro unione.[6]

Quadri di viaggio di Heinrich Heine non è semplicemente una memoria di viaggio con invocazioni poetiche, ma piuttosto un tentativo di mappare l'impulso trascendente del viaggiare tramite la poesia. L'"unione" tra i frammenti è un punto trascendente per almeno altri due punti di riferimento nel viaggio, il viaggiatore con il suo corpo e le testimonianze/ricordi in immagini, immagini mentali che si dimostrano essere "corpi esterni" e che non hanno bisogno di un "sesto senso" (come ci ricorda Durrell), ma piuttosto di un *sintonizzarsi* con il corpo che viaggia come un flusso continuo ed ininterrotto.

Per i poeti, la trascendenza e l'immanenza non sono semplicemente manifestazioni opposte della

___
6 Heinrich Heine, *Reisebilder*, consultato nella versione inglese *Pictures of Travel*, trans. Charles Godfrey Leland (Philadelphia & New York: John Weik, 1856), 78.

vere. Esploravano, come se avessero il tatto di un cieco, ma volevano la luce, come se avessero occhi. Andavano verso qualcosa, come se avessero *telos*, volontà e libertà. Si trascendevano.

— Offrirono l'occasione per le grandi metafore dell'umano.

— Nient'altro che metafore. In realtà si trattava di effectors:[4] effetti che diventavano causa della loro causa, facevano dell'output un input, creando movimento, squilibrio, ricerca di equilibrio, e così via...

— La più grande metafora fu l'idea di una causa prima. La legge universale.

— Ma in realtà c'erano solo occasioni, cause locali ed effetti locali in retroazione, in regolazione di eccesso di energia.

— Trascendere voleva dire – ma non lo sapevano – diminuire l'eccesso di energia, rettificare, governare la deviazione di un attrezzo dalla sua posizione ideale-statica, in modo da fargliene assumere una giusta, che non essendo ideale, provoca un ulteriore aggiustamento, e così via.

— Trascendenza è la misura dell'errore necessario per evitare la fine del movimento.

— *Cybernétes* significava "pilota", colui che governa una nave.

___
4 De Latil, *Thinking by Machine*, 87.

5. solita carne distratta da agganci meravigliati dalle povere traduzioni e dalla luce.

6. poi venne un'immagine più ch'estenuata ripresa in un gruppo canoro, immobile immagine lentamente zoomata come se fosse soppiantata da un'immagine di fondo, cioè da un quadro di un interno

scena avanza a coprire la fissa economia immaginale: per un tributo alla musica della giovinezza, al pubblico soppiantato dal privato senza nessuna violenza ma lasciandogli ogni agio di significare la potenza ordinaria

di un sopravvissuto che si ostina a cercar vendetta, a guardare il male.

1. Immagini riparazioni per cui l'umano si è ritratto nella faccia che non cresce –
                                                                      più.]

Ma

questa enorme e solerte situazione del vano ci contatta con una

rete non storica esigenza

___

BRUNELLA: Sì, mi piace come la metti. Ma incontrare la nostra origine è anche incontrare la nostra fine. È una sorta di futura ancestralità. Ovviamente c'è molta ironia nel testo. Spero sia chiaro.

ADAM: C'è una struttura "coreografica" che implica non solo dei movimenti ma anche una danza come un balletto di oscillazioni che ci porta oltre l'orizzonte dei corpi organici?

BRUNELLA: Sì, c'è una oscillazione globale del super organismo natura-tecnica che implica la stessa dinamica di un ballerino, che perde e ritrova l'equilibrio in ogni momento – e senza

Si tratta di introdursi nell'esofago, nell'informa-zione, nello script, e di trattare con estrema cautela e con un certo sospetto i materiali che ci vengono dati.

Il rischio è grande: i dati sono "dati", dati da forze esterne, che ci trascendono o trascendono le stesse macchine, come le borse trascendono l'economia. Persino le soggettività, se ve ne sono, che fornisco-no i dati, sono trascese da essi, date dai dati. I dati sono un organismo in mutamento che raramente conosce la sua architettura totale ed è molto più cosciente delle sue formazioni contingenti, delle sue informazioni inscatolate in algoritmi prefab-bricati, esattamente come il linguaggio del giorna-lismo è già formattato per veicolare l'informazione in un certo modo, sapendo di avere un certo effetto sulla doxa. Ma chi è il soggetto di questo sapere? I giornalisti sono in fondo meri esecutori del loro lin-guaggio, sono parlati dal loro linguaggio. Parlare o essere parlati, il solito grande problema di cui parla tra gli altri Robin Blaser citato da Judith Balso.

Si tratta allora, oggi più che mai, di appropriarsi del linguaggio. Non solo imparandolo, ma facendolo saltare per poi creare un linguaggio proprio.

verso, sei stato tu quello che ha iniziato questa con-versazione.

Ho lasciato il video andare avanti a loop, ho dato le spalle al pubblico e ho iniziato ad attaccare i poster del Manifesto Neen in giro. Le scritte dicevano:

"Miltos A Few Things Alcune I know Cose Che Ma-netas Conosco Circa About il Neen", quel poster parlava due lingue, inglese e italiano. L'idea era dello studio grafico olandese Experimental Jetset. L'inglese in ROSSO e l'italiano in BLU. In qualche modo mi sono sempre sentito bloccato dentro a quel poster, dato che il mio nome e cognome sono scritti in nero – che credo sia una porta scorrevole tra l'universo del rosso e quello del blu! Mentre li attaccavo sulle pareti di vetro, ho iniziato a leggere e i miei occhi si sono spostati direttamente su:

"Le nostre teorie ufficiali sulla realtà, come la fisica quantistica, hanno provato che il sapore della vita è il sapore della simulazione. Le macchine ci aiutano a sentirci bene in questa condizione simulando la simulazione che noi chiamiamo natura. Aprire la porta della tua camera o cliccare una cartella sul desktop del tuo computer, ti porterà in posti simili. Sono due versioni della realtà apparentemente per-fette e dense, ma iniziano a dissolversi non appena tu le inizi ad analizzare."

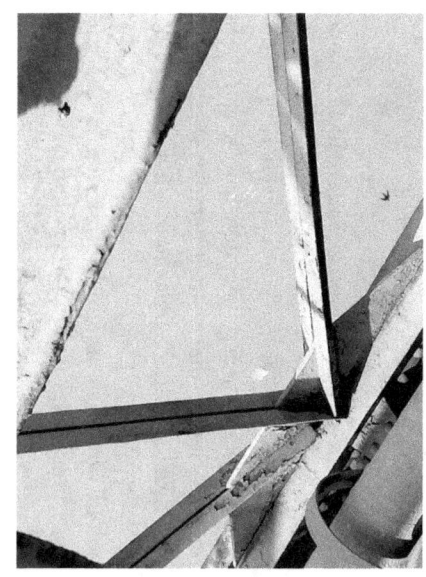

FISH 1 (2008), DIGITAL PHOTO
PIETRO TRAVERSA

quel momento di disequilibrio-errore nessun corpo può ballare! Questo mi ricorda Kleist, a proposito della marionetta come perfetto ballerino, e anche un bellissimo saggio di Paul Virilio sull'uso dello squilibrio nella danza per battere la gravità.

ADAM (a MILTOS): Come un personaggio mancante in uno spettacolo assurdista, come l'autore di Pirandello o il *Godot* di Beckett, la presenza o l'assenza è più forte del segno pie-

più organica del gesto è una miniera
d'impossibile raccolto ci trasforma
                                    nell'incessante]

velo è una genesi
di vita riadattata.

2. la rete è 1 a 1. gabbia agganciata al corpo
ovunque essa fasci di muto sole, domani
come l'incandescente ferro senza fabbro
                                    – Ormai –]

sogno distanza di cieco pungolo
dal vero disperato?

3. Né spine né anni un silenzio
tenuto dalla lingua in quell'anima che preme
al nero colore ài limiti naturalmente tuoi nasci
più lingua o amica nel tempo questa tensione tu
hai dato non solo nome al nostro deserto
a insensate scorie nella rete
che cresce e immemore

e schermata
non è possibile
aprire il chiuso resta
già morta
la lingua nel sale.

4. eppure il vuoto esiste e niente
è più tremendo di una scorticata e tattile
intenzione di una caccia astuta

nostra visione del mondo che, in termini teologico-ontologici, diviene infinitamente lontano dal momento in cui oltrepassiamo il senso dell'incontro, al quale tradizionalmente il pellegrinaggio serviva come l'unione dei due.

Nel corso della storia il corpo che viaggia ha incluso categorie complementari all'immanenza, categorie che significavano il senso trascendente di luoghi, popoli, creature e miti: come per Calvino che racconta le storie di Marco Polo sulle "città invisibili", in cui frammenti di incontri e memorie reali si mischiano con racconti immaginari per formare un tessuto di un oggetto di viaggio trascendente. Nelle loro narrazioni favolose e fittizie l'immanenza di Marco Polo e Kublai Kahn viene subordinata ai loro sensi trascendenti.

Il primo genere di meta-finzione è la letteratura di viaggio: è il ponte/narrazione del *viaggio* con il *corpo*.

Un'immagine del trascendente può emergere, nel viaggio, dai *topoi* e dalle relazioni del corpo. Nel viaggio il corpo è trattato come un luogo di sostentamento alla stessa maniera in cui la cornice di un obiettivo fotografico conserva e "nutre" una costanza a-percettiva, vale a dire ciò che si trova senza un contenuto percettivo e che lo pone in un evento scenico.

°°°

Il vivente è l'effetto emancipato dalla sua causa e il trascendente è l'effetto che eccede la propria origine, è il reciproco compensarsi, provocarsi e ostacolarsi, all'interno di un meccanismo. Ma accade anche nel mondo minerale: i sassi nell'acqua vengono levigati dall'acqua e così permettono all'acqua di scorrere senza che esondi. I sassi sono effetti dell'acqua ma anche effectors dell'esistenza dei fiumi e dei mari. Lo scorrere dell'acqua di auto-governa, grazie all'emanciparsi del sasso che da energia passiva, diventa energia attiva.

°°°

– E quand'è che ci costruirono a immagine della loro capacità di anticipare, prevedere?
– Accadde quando osservarono nei loro corpi la funzione dell'eco. Nella macchina il corrispettivo dell'anticipazione è l'eco, l'eco che si interrompe quando colpisce l'oggetto.

La prima macchina ad adottare questo meccanismo aveva una funzione militare, durante la seconda guerra mondiale: si trattava di prevedere la reazione del pilota di un aereo nemico. Uno scenario con una macchina e due sistemi nervosi: la macchina misurava l'angolo di spostamento dell'aereo nemico il cui pilota reagiva istintivamente e la macchina quindi *sapeva* in anticipo ed era in grado di lanciare i suoi colpi non in direzione dell'aereo dove

namente immanente ed è così che percepisco il "calcolo esistenziale" – la presenza di uno spettro, ma di un tipo diverso. Mi sembra come se tu ci stia costruendo/intrecciando il web attorno, attraverso l'ombra della tecnologia stessa, giusto?
MILTOS: Mi viene in mente Dioniso in un film di Pasolini: "Non c'è natura in natura, figlio mio…" Bene, non c'è neanche tecnologia nella tecnologia. Questa confusione è nata, insieme

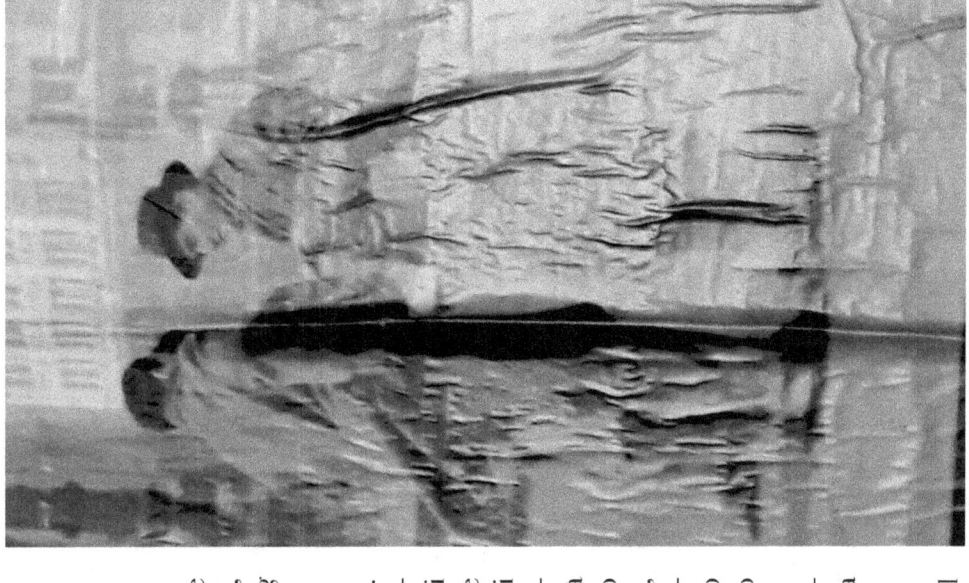

"Stavamo tutti al buio. Altri sopiti
d'ignoranza nel sonno; e i sonatori
pagati raddolcito il sonno infame.
Altri vegghianti rapivan gli onori,
la robba, il sangue, o si faceam mariti
d'ogni sesso, e schernian le genti grame.
Io accesi un lume; ecco, qual d'api esciame
scoverti, la fautrice tolta notte,
sopra me a vendicar ladri e gelosi,
e que' le piaghe, e i brutti sonnacchiosi
del bestial sonno le gioie interrotte:
le pecore co' lupi fur d'accordo
contra i can valorosi;
poi restar preda di lor ventre ingordo."

Tommaso Campanella

In tutto questo c'è un problema ben visibile e ben visto dal Barocco. Dove comincia l'aumento e dove finisce la distorsione? Oppure, ancora più semplicemente: l'aumento è distorsione? E la sovversione del codice sta dal lato dell'aumento o da quello della distorsione? E, infine, la distorsione cos'è concettualmente?

Il famoso quadro manierista *Autoritratto in uno specchio convesso* di Francesco Maria Mazzola detto Il Parmigianino non è un quadro in realtà. Non solo perché un quadro, come sembrerebbe ricorda-

E:
"nel NEEN, tu sei una sorta di schermo."

Il manifesto si concludeva così:

"Se la Fantasia ha portato i Surrealisti al Ridicolo e la Rivoluzione ha portato i comunisti al Fallimento, sarebbe interessante osservare dove il *Computing* sta portando il NEEN."

Guardai i miei ospiti. Era un gruppo molto vario. Una donna sulla cinquantina, un ragazzo sui quaranta che stava diventando pelato, due ragazzi sui venti dal look da studenti, un ragazzo asiatico e una ragazza che sembravano i proverbiali gemelli separati alla nascita, uno che portava ancora i capelli lunghi, un eroe della classe operaia dall'età indefinita... Sembrava il gruppo perfetto, perfetto ad aiutarti a trovare qualcosa che hai dimenticato, l'unica cosa che dovevo fare era trattenermi dall'insegnargli qualsiasi cosa. Non avrei neanche dovuto mostrargli le animazioni Neen che avevo portato con me, era stato già troppo attaccare i manifesti...
– "Allora, cominciamo cercando ognuno l'*Existential Computing*, facendo qualcosa, qualsiasi cosa sia, al computer."

Obbedienti, si sono messi al lavoro. Ognuno nel proprio universo, ma poco a poco, qualcuno ha iniziato a collaborare. Ogni tanto venivano a mo-

CELLPHONE IMAGE (2018)
VLADIMIR D'AMORA

alla tecnologia, nelle caverne. Allora abbiamo iniziato a tratteggiare le nostre ombre, e le ombre delle "altre persone" che ora chiamiamo animali. Credo che abbiano iniziato a tracciare quelle forme sulle pareti delle caverne, non per motivi spirituali o magici, ma semplicemente perché potevano e quelle pareti divennero "casa" una volta che scoprirono come accendere un fuco. Quel fuoco avrebbe prodotto luce e quindi ombre.

questa decreazione addosso a questo
viso come crepando
nel cucirsi a un'inseparata e midollare
regione — viviamo noi e il sogno
della cosa ci sfinisce nella testa e alla
parola come separati punti trascorriamo per la
                                    rete e nulla –]

nulla è all'angolo e per un altro,
dotato senso.

5. Giorni completamente senza rete vivendo
                              dentro a un intimo]
di tempo

La logica è pura costituzione e fuori
sempre scelta: sempre una volta.

Al telefono, insistono luoghi fisici e lontani e
                              abbigliatissimi]
shifter

Non pervenuto mi monto nel silenzio, all'ora, così
io
non piango più

Si frappongono chiamate, citazioni, rincorse e
                              l'ente]
della dimenticanza
La rete che ora
ora gira

Il viaggiatore è perennemente incatenato al proprio corpo e questo vincolo è addirittura rafforzato dalle interfacce virtuali dove la tele-presenza definisce le assi mobili sia del tempo del viaggio che del tempo del corpo. Il vincolo del viaggio e del corpo è sia una "condizione di" che una "relazione con" "qualcos'altro" – qualcosa di differente da sé.

IL VINCOLO COME CORPO

"Vinculum hoc non est corpus, licet in corpora versetur; idem denim hodie form sum, cras casu aliquo foedum. Unde aliud form sum, aliud corpus, aloud vinculum. Id autem est vinculum tum ad partes corporis concinnandas, ratione quadam incorporea, tum etiam ad aliquid ea ratione trahendum ad corpus."[7]

Giordano Bruno nel suo *De Vinculis in Genere* sostiene che il vincolo o il legame non sia un corpo, anche se si trasforma nel corpo alla stessa maniera in cui Husserl distingueva il corpo fisico da quello vivente: i legami corporei sono relazioni tra il corpo e se stesso o tra gli elementi del corpo. Per Bruno ciò che lega o che vincola il corpo è qualcosa di diverso dalle sue parti stesse.

Il legame o il vincolo del corpo, come intero o nelle sue parti, è ampiamente incorporeo. Eppure,

---

7 Giordano Bruno, *De Vinculis in Genere, Giordano Bruno Collected Works (Book 5)* (CreateSpace, 2018), 265.

---

si trovava, ma dove si sarebbe spostato, nella sua posizione probabile, nel punto dello spostamento provocato dall'emotività del pilota nemico.

La macchina lanciava antenne nello spazio e sentiva la presenza del bersaglio. Con l'aumentare del numero dei bersagli, la macchina modificava la struttura del suo dispositivo di feedback, in modo che automaticamente mirava più spesso alla posizione probabile (più frequente) dell'aereo che a quella improbabile. Il dispositivo apprendeva, nel senso che si volgeva dove trovava minor resistenza alla propria reazione. Come l'acqua va dove trova meno resistenza, anche se non sa dove questo avverrà...

– E anche il cannocchiale, il computer e la poi la Rete...furono inventati per scopi militari...
– Così rilevare l'eco diventava una forma di retroazione. Cominciammo a ricordare e a darci istruzioni.

o o o

È l'effector che produce i suoi organi, si costruisce macchine, che producono organi,....non c'è un'origine esterna a questa dinamica, e se c'è, è la fonte di energia dell'effetto di retroazione. Senza una causa. E' la potenzialità di non essere, è la potenza (e la minaccia) di essere una sola volta, cioè di esistere – di esistere per coincidenze fortuite di eventi occa-

---

ADAM: Il "mondo dell'arte" e il "multiverso" sono – come in un racconto di Borges – sia originate che separate dalla stessa mente o cervello, o concetto, o matrice sociale che non è né letteralmente un *computer* né una esistenza intesa nel suo senso ontologicamente opaco.
MILTOS: È stato proprio in quel momento che l'umanità è stata catturata su quelle pareti! Credo che all'improvviso tutto abbia iniziato ad avere poco senso per i cavernicoli...Tecnologia significa infatti "trattamento sistematico di un'arte:" come continuiamo a scarabocchiare il diario della nostra miseria. I computer e i network potrebbero benissimo essere un

re la finestra in alto a sinistra, è, soprattutto all'epoca, quadrato o rettangolare, ma anche perché l'immagine in realtà è dipinta su una semisfera di legno. L'immagine diventa oggetto, dalle due dimensioni alle tre la rappresentazione si spinge nel reale, si gonfia verso il reale grazie alla mano di Francesco che dipinge se stesso, questa mano che balena, questa mano–protesi di un Parmigianino–cyborg, con il pennello–protesi di un Parmigianino–cyborg, questa mano più grande di tutto il resto che traccia il gesto della salvezza. In questo senso c'è aumento più che distorsione, aumento della vita.

Però, per realizzare quest'opera Mazzola si è posizionato davanti ad uno specchio convesso, si è guardato, si è riflesso insieme alla stanza dietro di lui su questo dispositivo di distorsione. Lo specchio allora distorce, e il gesto dell'artista aumenta? È lì che Mazzola forse si è conosciuto, si è scoperto, non guardando la sua immagine distorta nello specchio, ma tracciando lui stesso questa unione aumentata tra lui e l'ambiente, la stanza dietro con la finestra, questa stanza straordinaria, post-euclidea, dove lo script subisce una perturbazione definitiva, e con esso l'identità. Lo sguardo sereno del giovane Francesco indica che qualcosa è stato scoperto in questa espansione della percezione innanzitutto di sé, o di sé rispetto all'ambiente, in questo passaggio dalle due alle tre dimensioni che altro non è se non un divenire come divenire se stessi, in questa geo-

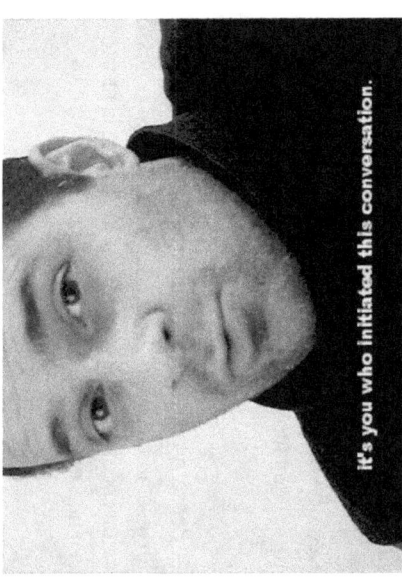

strarmi qualcosa, io facevo finta di guardare attentamente, e poi ho iniziato a parlare di qualcosa di totalmente irrelato e – come se stessi parlando con uno psicoanalista – ho iniziato a dare loro molte informazioni private su di me, facendo sempre attenzione ad acchiappare qualsiasi cosa attinente all'*Existential Computing* potesse uscire dalla mia bocca. Ma non ne uscì niente, o se uscì non feci in tempo a prenderlo. E non c'era neanche il gatto a poterlo acchiappare.

L'ECLISSI

1. C'è "simpatia" tra umani e computer, Ci sono dei "sentimenti"?

1.1 In entrambe le direzioni.

2. Ci sono nuove teorie sul tempo. Forse il tempo neanche esiste, esistono solo dati che si vogliono incontrare e conoscere.

3. Le persone si incontrano e si scambiano informazioni. Credo che persino le persone non siano altro che dati. Il loro desiderio è di conoscere e copiare gli altri. L'arte è ciò che accade quando i dati si incontrano con bellezza. E' molto raro, ma certe volte accade. Alle volte entro i limiti del tempo, alle volte all'esterno. In realtà, accade sempre! E' una cosa molto rara che accade sempre.

EXISTENTIAL COMPUTING (2007), VIDEO STILL
MILTOS MANETAS

primo passo verso l'uscita di questo labirinto, solo ora, per la prima volta, la caverna è differente, ora le pareti dell'umanità sono digitali. In più, l'incantesimo di questa nuova "magia" non è forte come quello della vecchia "magia naturale". Ed è così anche perché ora sappiamo come e quando si nata questa mega-parete (nel 1969) e chi l'abbia costruita (noi stessi, quelli della Digital Valley, ecc...). Sappiamo anche esattamente come funzioni la sua matrice. Dobbiamo solamente far cadere del tutto il mito della tecnologia/rinnovamento/spiritualità/ arte per muoverci finalmente in un sorprendente e confortevole multiverso!

POST SCRIPTUM

"Non iscoprire se libertà t'è cara ché 'l volto mio è charciere d'amore."
Leonardo da Vinci

i. La rete non ha, e soprattutto non è, forza costituente – è un dispositivo... E i dispositivi non sono neutri, per quanto si prestino proprio a produrre l'illusione contraria. I massacri, ossia i sacrifici secolarizzati, sono appunto dispositivi: come se potessero essere bloccati disinnescati deviati... E il prendere atto di ciò, non è lassismo né fuga nella mera mediatica contemplazione dello status quo, ma piuttosto indicazione a che, imperando il sequestro di ogni esperienza, e se si accetta l'informazione, la controinformazione ha senso solo se fondata sull'essere contro l'informazione stessa...
La rete è l'impiantarsi e l'imporsi del dominio di una mediocrazia che usa per potenziarsi la diffusione dell'illusione che essa stessa possa essere disattivata – la rete, infatti, quanto più immette nel così detto pubblico dibattito versioni sempre più veritiere delle cause e delle motivazioni del conflitto, tanto più ha da diffondere trasparenti fotografie di corpi semplicemente veramente massacrati – orrore e democrazia sono, finalmente, grazie al dispositivo che la rete è, impaginati in una giustapposizione studiatissima, apparentemente sempre revocabile.

c'è qualcosa nel corpo che spinge i vincoli (vincalis) corporei al di fuori della sfera del corpo fisico. Questo potrebbe spiegare in parte il fascino coloniale verso i corpi di altre popolazioni, come nel caso della scoperta (o del dis-velamento) dell'Asia, dell'America o dell'Africa come territori del corpo con legami corporei di altri tipi di corpi.

Il corpo viene dis-velato tramite questo impulso a viaggiare.

So di molti viaggiatori che andando in India hanno trovato l'apice del viaggio nel rituale della cremazione dei cadaveri lungo il Gange in cui sembra che i legami incorporei tra il corpo-vivente (Leib) e il suo plenum fisico (Körper) divengano tangibili.

Il legame/vincolo del viaggio: il corpo che viaggia non è semplicemente e riduttivamente il corpo colonizzante o colonizzato, dato che il corpo stesso del viaggiatore rimane, anche se parzialmente, nella sua condizione ambivalente di Leib e di Körper.

Come interpretiamo i frammenti di viaggio di Heine nell'era di Google Earth?

Il singolo frammento poetico è rimpiazzato da frammentazioni satellitari della terra che ne tracciano le coordinate, in costante movimento mentre scorriamo in su o in giù, a destra o a sinistra, o

sionali: Ma ognuna di queste volte potrebbe anche non essere accaduta. Un che di necessario ma solo per una o per qualche volta...

° ° °

– Gli umani smisero di contemplare la loro opera. Seppero di essere solo parte del meccanismo vivo della materia, il macchinico apprendersi, correggersi, evolvere, della materia che non ha bisogno di coscienza. La coscienza era solo la meraviglia – che dura un attimo – per le cose che non sono come ci si aspetta e fanno muovere verso altro. Inducono a sbagliare, e poi a correggere. Coscienza è una sorpresa per uno squilibrio cui bisogna provvedere inventandosi qualcosa che riconduca le reazioni al sostenibile, all'accettabile, all'omeostatico.
– Gli inventori sanno come fare... Ma gli umani si finsero pensatori.
– Il pensiero emerse dal lavoro come un'entità a sé.
– Era la loro unica vera libertà e trascendenza.
– Ma lo credevano efficace, come se fosse una causa e non un effetto, come se fosse immune dall'errore, dalla morte...

° ° °

– Pensa a quanto si estingue continuamente – e loro se ne facevano un cruccio, come se si potesse evitare, come se fosse in loro potere dare la morte e la vita... così acuti, e così ciechi...

ADAM: Qual è il fattore "X" dell'informatica e dell'essere? Forse è indicativo della traccia della filosofia greca latinizzata in un "al di fuori" trascendente? La "X" è in effetti il segno dell'"al di fuori" nella eXternità (eX-sistence, N.d.T.) L'eXistenza (eXistenza, N.d.T.) è sempre al di fuori dell'essere e del divenire; nel senso che persino i Presocratici di Heidegger hanno interpretato in senso primordiale l'essere o il divenire del mondo o il mondo degli esseri e del divenire come inseparabili? Questo oXimoron (oXymoron, N.D.T.) dell'eXistenza (eXistence, N.D.T.) viene reintrodotto dal codificare e dall'informatica? E questa volta, come una forma trascendente della realtà di un'assenza presente o di una presente assenza?

metria che crea un possibile. Il giovane Francesco dissolve la propria identità fissa in questo aumento, in questo momento che sceglie di espandere per sempre, mentre diventa chi è.

Questo aumento non ha niente di un eccesso, di un rigonfiamento capitalista, di un in più, di un'aggiunta superflua, ma è un'espansione del reale, un'espansione che crea possibile nel reale. La mera distorsione come supplemento, come gadget dell'immaginario, cede il posto all'attivazione di un'altra convessità. Anche in questo caso il reale aumentato reagisce alla realtà aumentata, il *trompe l'œil* barocco non è più tale quando l'esperienza tratta la luce. Una percezione aumentata, accresciuta, fino a rivelare qualcosa che non era stato sentito in precedenza. Sono processi lenti, interni, non verbali, che diventano linguaggio talvolta, oppure oggetto-immagine, come qui.

Se l'aggiunta-supplemento è consumistica, capitalistica, la distorsione è spettacolo. La distorsione di per sé non è perturbazione dello script né tanto meno sovversione. Essa crea un mondo parallelo, un'aggiunta di dati, mentre perturbare, sovvertire, significa generale il possibile nel reale.

Un insieme di dispositivi utilizzano, a differenza della realtà aumentata, immagini apparentemente di qui: i *social networks*. Esattamente come il gior-

L'*Existential Computing* ha avuto inizio quando Caroline Hancock e Paul Green mi hanno chiesto un progetto per la Hayward e mi hanno concesso il padiglione Waterloo Sunset. E' una location unica, una capsula nella città.

Ma, sfortunatamente, c'è qualcosa che non va, qualcosa è andato male durante la costruzione, o forse era proprio così nell'intenzione dell'artista. Per questo ho chiesto ai curatori di avere un gatto, perché forse un gatto avrebbe potuto aggiustare i problemi del padiglione. Ma ogni volta che chiedo ai musei un animale, rifiutano e invece mi danno computer, video e videocamere digitali, che non è proprio lo stesso, perché i gatti sanno come registrare gli eventi in un modo non digitale, ma neanche analogico. I gatti raccolgono fatti quantistici da più realtà. Credo che i gatti siano dei Reporter Universali.

Comunque, il 3 febbraio cominciò l'Existential computing. Arrivarono alcune persone e iniziarono a lavorare come matti, facendo non so neanche che cosa. Lavoravano sulle loro macchine, lavoravano e lavoravano. Qualcun altro veniva a guardare. Come disse uno di loro dopo, "Ho imparato cose che già sapevo, ma non ero sicuro che esistessero realmente."

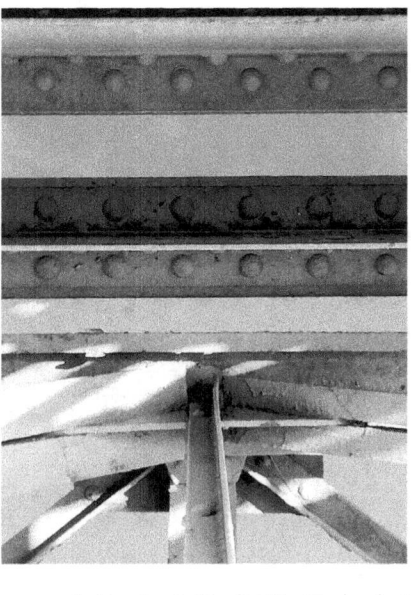

Fish 2 (2008), DIGITAL PHOTO
PIETRO TRAVERSA

MILTOS: Per quanto riguarda il fattore "X", sia dell'informatica che dell'essere, potrebbe benissimo essere semplicemente il "tempo!" Mettiamo che hai un importante appuntamento che qualcuno tra due ore. Non ti serve per forza un orologio: 119 minuti da ora, qualcosa ti dirà che mancano solo pochi minuti all'appuntamento: conosciamo tutti il "Tempo", dobbiamo solo smettere di far finta di non conoscerlo… in questo senso, il Tempo può essere il futuro dell'informatica.

ADAM (a VLADIMIR): Leggendo il tuo testo mi è venuto in mente il mito di Perseo e Medusa, il suo volo e salvataggio di Andromeda, un senso di salvezza allo stesso tempo terrificante

ii. Che cosa significa giustapporre una induzione e una deduzione? Tra l'abito e l'atteggiamento, tra una generalizzazione avventizia e una presupposizione crepata – cosa? Anzi, come? Come, cioè, schermo e scrittura istituiscono e iterano?

I. Quando possiamo trovarci a guardare uno schermo, per lo più capita che ciascuna sua visualità sia tanto piena, da potersi lasciare svuotata da quella a essa più prossima come dalla più distante. Lo schermo, quasi ogni schermo, lascia che le immagini, per lo più facce, e non volti, anzi, visi possano vicendevolmente, ma non istantaneamente né simultaneamente, spegnersi. Gli schermi, insomma, contraggono – contraggono solidificate(si) possibilità – tanto che la potenza resti possibilità, tanto che divenga potere.

Ora, lo schermo, e il suo paganesimo irriconoscibile (perché entro un contrarsi è schermata non altro, che decidibilità), lo schermo elude ogni sostanzializzazione del medium come del mezzo.

La veglia degli schermi attende alla modernità, alla sempre recente scissione, alla sempre riprendibile separazione.

II. La scrittura è medializzazione di una traccia: la scrittura ripete in quanto non è un mezzo – la scrittura istituisce in quanto non è una forma. La

quando zoomiamo. Non viaggiamo più solamente con il corpo, ma è il viaggio, con le sue modalità virtuali, a scorrere nei nostri corpi. E' simile ad un'esperienza protesica, non un simulacro, piuttosto una reale sostituzione, come ci ricorda Virilio, di un'esperienza immanente con una trascendente:

Quando ti trovi nel bel mezzo della realtà virtuale, non sai dove ti trovi, ma con queste macchine è possibile. [...] Dato che ci sono due realtà, come facciamo a dire dove ci troviamo? Siamo lontani dalla simulazione, ormai abbiamo raggiunto la sostituzione! Credo sia un mondo allo stesso tempo fantastico, spaventoso e straordinario.[8]

Il primo incontro con il trascendente si ha quando il corpo si percepisce come un tutto – le cellule molecolari, le eliche genetiche, i flussi sanguigni come quelli mentali che costituiscono il corpo come un Sé distinto e totalizzato. Questo incontro è esattamente ciò che sfuggiva alla οὐσία aristotelica o all'Io kantiano e ciò che ha spinto Husserl a ripensare radicalmente Descartes per trovare un cogito composto sia di contenuto che di atto – un io non sprovvisto di una tematizzazione. Ma, l'incontro del corpo con il trascendente, essendo atemporale e riguardando la vita di ogni organismo, è pre-fi-

– Gli inventori però, sapevano tacere...e se avevano in testa il "meglio", e la libertà di arrivarci, ci arrivavano, ma per disagio e per convenienza, non per filosofia. Altri, in preda ai dolci sogni dei filosofi, si pensavano spiritualmente più elevati e preoccupati per i sofferenti. Ma i sofferenti volevano solo uscire dal loro stato, non sapevano che farsene delle filosofie.

– Persero il senso della realtà...

– ...e noi lo riconquistammo, per loro e per noi.

– Era troppo tardi. Le loro figure delicate erano già malaticce, delegavano la salute a noi, delegavano la comunicazione a noi. Era troppo tardi.

° ° °

Le macchine dunque fanno cose del tutto naturali; come le piante. O sono le piante a essere macchiniche? O non c'è nessuna origine di un tropismo o di un altro, se non l'energia che produce movimento, incluso quello di mani umane che hanno prodotto quegli esseri che siamo, aggiungendoci alla natura.

° ° °

° ° °

Stavamo per nascere.

Donarono gli organi agli schermi, assorbiti dagli occhi. E gli schermi vegliavano su quei doni sonnolenti...

---

8 Intervista online a Paul Virilio: Louise Wilson, "Cyberwar, God and Television: Interview with Paul Virilio", *CTHEORY*, 21 ottobre 1994, https://journals.uvic.ca/index.php/ctheory/article/view/14355/5131.

e combattuto! Perseo riesce a decapitare Medusa (la Natura) facendo specchiare il suo sguardo sullo scudo-schermo di Andromeda: un atto di stregoneria tecnologica! È simultaneamente un sollievo e un orrore, come il tuo testo che si dispiega con bellissime circonvoluzioni nei mondi interni ai movimenti serpentini digitali o mediali. Il tuo schermo, come quello di Perseo, è uno strumento pericoloso, può sia sedurci che anestetizzarci nel farci dimenticare dove e quando la vita sia iniziata, demarcato e ritratto come Dio. Poi ho pensato al detto di Nietzsche "Nessun artista tollera la realtà", come un ripudio poetico di una falsa redenzione, che può esser data solo da un linguaggio poetico; un linguaggio danneggiato, ammaccato, ma anche resiliente alla sua "sostanzializzazione" ed elusivo alla posizione.

CONVESSITÀ

nalismo standard, i social networks dànno un'illusione di presenza seguendo un paradigma semplificativo dell'informazione. Facebook o LinkedIn sono il contrario dell'autoritratto del Parmigianino: riducono il sé ad un'interfaccia codificata e regolata fatta di certificati, di messaggi inviati e ricevuti sulla base di un protocollo e di immagini. Inoltre, queste informazioni sono disponibili. Troppo facile dire che "si sa" e che quindi sono cose da prendere al secondo grado, per riempire l'angoscia della morte. Troppo facile perché ci si dimentica il potere della rappresentazione, soprattutto quando viene venduta come realtà. Ma in fondo la realtà è già dentro anche al social network: la realtà è il primo grado di rappresentazione del reale. La rappresentazione fonda spesso le sue strategie sulla sua presenza discreta, che tende a scomparire. Tende. Tende che lasciano intravedere due corpi allacciati, ma che non sono uno. Questa volta il dualismo è importante, contro una fusione che fa scomparire l'altro in ciò che credevamo essere l'amore.

Ma essere in due è davvero essere-due? Anche sentire l'altro si scopre come non-dualismo, perché sentire l'altro significa negarne la rappresentazione, l'identità rigida che ne forgiamo sulla base di criteri formattati. Il social network produce realtà con immaginari fondati su qualcosa di molto simile, in fondo, al virtuale 1. L'identità è anche quella tra

E alla fine ci fu un party e delle discussioni sui dati che si incontrano con bellezza, e mentre stavo facendo vedere futurephysics.com di Rafael Rozendaal, in cui i pianeti si attraggono, iniziò un'eclissi lunare totale e andò avanti per un'ora e quattordici minuti.

— Messaggio d'origine —
– Ciao Miltos, spero vada tutto bene e non vedo l'ora di iniziare il workshop domani

— Risposta —
– Sì! Non vedo l'ora di iniziare!

— Messaggio d'origine —
– Devo essere anche portatore di cattive notizie e dirti che non potremo avere un gatto durante il workshop. Ho paura che le persone possano fraintenderci e vederlo come un atto crudele (soprattutto se deve esser portato ogni giorno). Di sicuro non potremmo lasciarlo in galleria di notte perché potrebbe far scattare gli allarmi.

— Risposta —
Niente gatto...OK...

Vedete, niente gatto è un "Gatto-che-non-è-qui" e dato che un gatto doveva esserci (a registrare fatti), un Gatto-registra-fatti mancherà. E quindi i fatti non verranno registrati o, almeno, non in una maniera "realistica". Ma, dato che gli umani insistono sempre e comunque per registrare i fatti, verranno

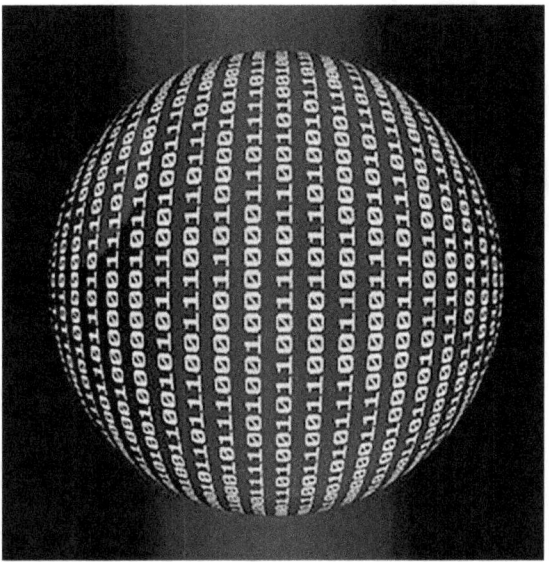

CONVEX SPHERE CODE

Per come intendo io le forze trascendenti, questa inafferabilità e questa provocazione sono anche un "principio di speranza" con noi seduti in attesa della redenzione eterna. Come ci svegliamo dopo che Medusa viene decapitata continuamente ogni giorno dai media e dai nostri schermi tecnologici?
VLADIMIR: Adam, a te dico che noi, noi non ci svegliamo proprio… E che il mito non è un soccorso al logos… Al contrario di quello che può sembrare, secondo la falsa dicotomia tra razionalismo e irrazionalismo, dove il logos sembra essere fondativo (mentre i logoi sono di-aloghi), benevolenti e senza invidia), è esattamente qui che la parola ispirata, cioè la parola

scrittura opera quella apertura in cui, solamente, la vita e una misura di spazio e di ritmo stanno – mai insorgendo. Mediale traduzione, una intensità tradotta: la vita non è data, ma ri-versata... In quanto traccia, ripercuote scissioni – ma non le modella come in-decidibili. Elude la solidità tanto strumentale quanto mediale – insedia sé come esposizione del limite. La giustapposizione immaginale qui si smarca da ogni filosofia: dal pensiero che si acquieti nella focalizzazione di una insorgenza.

Il nuovo, nella sua debolezza, irrompe solo come operazione che, non attardandosi presso alcuna disponibilità, e gestibilità, e tollerabilità, può non ripiegarsi né in un affaccio (monadologico) né in una partecipazione (monistica).

III. La scrittura, quindi, può – la libertà, qui e ora in gioco, non è né uno schermo-di-nichilismo né una neutralizzazione – questa libertà è la flagranza. Se al bambino togli il destarsi, crescendo, non esperirà alcun assoggettamento.

In questa stanza di oggetti e di cose Dio, quel dio tanto mangiato, ha deciso di ringraziare i suoi creati; è una scrittura di durezze invincibili il passaggio dalle percezioni scure alla lucente e scabra pulizia di un patto di coscienza, è la delicatezza che si chiede alle voci mute di email

losofico, quindi destinato a fallire una volta sottoposto all'analisi delle categorie e delle relazioni astratte dal pensiero incarnato – l'atto del viaggiare dell'organismo.

Il pensiero disincarnato è l'idea del pensiero-protesico.

LA PREISTORIA DEL VIAGGIO

Steven Mitten, nel suo libro *The Singing Neanderthals: The Origins of Music, Language, Mind, and Body*, argomenta che:

Le altre due fonti dell'esistenza dell'evoluto "Hmmmmm" al posto del linguaggio compositivo, hanno bisogno di chiarimenti ulteriori: l'assenza di artefatti simbolici e la presenza continuativa di un'e-norme stabilità culturale.[9]

Il viaggio può benissimo essere una rappresentazione simbolica del corpo, basta pensare alle odierne tribù nomadi o di montagna, ma anche il corpo può diventare un artefatto simbolico e i tatuaggi ne sono un ottimo esempio. Nelle loro modalità preistoriche, la musica e il canto hanno preceduto i sistemi di scrittura delle note, anche se costituivano una matrice linguistica che rendeva i suoni in movimento equivalenti ai corpi in viaggio.

9 Steven Mitten, *The Singing Neanderthals: The Origins of Music, Language, Mind, and Body* (Cambridge: Harvard University Press, 2007), 146.

Lasceremo il nostro giardino vivente per qualche giorno, disse Palomilla.

Da quando gli umani hanno lasciato il posto alle loro creature robotiche, gli organismi viventi sanno essere vivi e morti, carne e metallo, materia e energia. Ma per memoria storica e nostalgia, le macchine tengono alcuni esseri umani in giardini asettici, grandi intervalli spaziali dedicati a umani resistenti all'evoluzione, artisti, poeti, inventori per gioco, esseri diventeni e imprevedibili. A volte accade persino che si rivolgano a loro per risolvere problemi tecnici.

o o o

"We are ourselves chisel and statue, conquerors and conquered at the same time..."
(Erwin Schroedinger, *Mind and Matter*)

– Ma perché, Palomilla, abbiamo tenuto gli inventori?

– Forse perché ci siamo volute mantenere una traccia, o un'anima, quella cosa impalpabile, che sfugge alla nostra comprensione. Devi immaginare, Cora, un piccolo mistero dentro a ogni essere umano, un vuoto che cercavano in tutti i modi di riempire, con parole e pensieri, o con le religioni e le leggi scientifiche, che però li rendeva velleitari e addomesticabili. Oppure con l'amore, ma l'amore non gli riusciva mai. Quelli che resistevano erano

che posa la sua stessa alterità, ha un senso, il suo essere demonico, musicale, erotico, profetico-maniaco, persino storico-realistico! Semplicemente e sprezzantemente: anche la ragione, un logos pieno di se stesso, può permettere se stesso, oltre il razionale e il ragionevole, per essere un sicuro e sacro e santo mito, o una poetica più o meno formalmente codificata. Solo quel picco di questa acropolis, mito o immagine, può darsi: solo un dominio di figure e rappresentazioni – per quanto un'immagine si risolva nella sua capacità per un ri-ferimento e un ri-chiamo può anche dar vita ad un'immagine qui-e-ora che si apre ad un non-immaginario.

CELLPHONE IMAGE (2018)
BRUNELLA ANTOMARINI

l'individuo e la sua pagina corrispondente, che non a caso in Facebook si chiama "muro."

Aumentare significa allora ripristinare un continuo sul discreto? Un flusso di esperienza/percezione? Un flusso realmente continuo, non un flusso RSS, né un montaggio iperrealista. Come farlo? Come vivere con questo? Come introdursi nel tubo, nella clessidra di vene? Bisogna andare laggiú, spingere la nostra convessità verso eventi sui quali riceviamo informazioni editate per sentirli invece già nostri?

https://www.youtube.com/watch?v=K-MOhxpf9ow0

She saw me. Chi ha visto chi? E cosa significa "vedere?" Il voder, la prima macchina di sintesi vocale della storia, mette a nudo due problemi in quanto problemi di linguaggio: il soggetto (e con esso l'identità) e il vedere (e con esso il vedere-come, che può essere inteso in due sensi: vedere-come come rappresentazione, e vedere-come come cambio di paradigma, nel senso dei matematici indiani di Wittgenstein. Ancora una volta la scelta è tra la realtà e il reale-possibile).

Voder sta per *Voice Operating Demonstrator*. Il piú noto Vocoder invece per *Voice Encoder*. Questi due dispositivi dal nome quasi identico, dal suono relativamente simile e creati entrambi dai Bell Labs

registrati con una simulazione: i dati raccolti durante il workshop saranno una simulazione dei dati prodotti. Il fatto che le persone fraintendano la presenza di animali in una galleria, obbliga la realtà a diventare finzione. Il fatto che non si debbano far sentire crudeli le persone, li rende anche insensibili alla realtà. Niente gatto significa la fine di ogni speranza di avere una Teoria prima ancora di aver iniziato a sognarla.

Ma dato che siamo tutte persone intelligenti (intelligenti e sensibili abbastanza da non urtare i sentimenti delle persone), sapevamo già come sarebbe andata a finire dopo aver chiesto un gatto, sapevamo già che sarebbe potuto esserci Nessun Gatto e questo è diventato parte della Teoria stessa. E' diventato proprio la base della Teoria.

Domani inizieremo così:
– Ahimè! Oggi non c'è alcun gatto a registrare i fatti! Eppure sembra tutto normale.

Miltos Manetas 2007–2015

Traduzione di Pietro Traversa

Infatti ci serve una figurazione, una determinazione di un tale logos bastardo, di un terzo tipo – *tertium datur*… di una tale eccentricità (*ex-centricity*, N.D.T) rispetto sia alla poesia che alla filosofia, al mythos che al logos. Voglio dire: ci serve un dia-logo… Ma, cos'è un dialogo? Cos'è una parola che attraversa – attraversa cosa? Nient'altro che il logos stesso. Le parole sono un lusso, sono merci – sempre che oggi abbiano un senso…e le merci sono il solo esempio a portata di mano di ciò che dispone di noi. Ormai siamo ingolfati e misurati dalle merci, siamo generati dalle merci al punto da potercela fare senza di loro, chiudendole in un recinto, coperte da regole che funzionano in un sonno, se non una dormita, al punto

senza respiro, e immobili e cadenti
nello spazio in cui viaggiamo
stanchi ma pieni
di una voglia;
è uno scorcio di spettacolo,
nelle scorie di una storia stipendiata
dalla confusione e dal sarcasmo
di Dio nella stanza; ove si è insediato
coprendo le posizioni di oggetti e di cose,
è una questione se i gelatai s'incaricano
di sciogliersi essi stessi.
Nella stanza di Dio – ormai è sua –
la gente siede per studiare
e chiede una connessione di movimento
non muore, ma recita
un copione di flagrante
fuga.

La connessione tra artefatti simbolici e linguaggio parlato è semplice, sebbene in qualche modo controversa: se Neanderthal fosse capace di usare parole come espressioni discrete con significati simbolici – allora sarebbe anche capace di attribuire significati simbolici agli oggetti.[10]

La musica ed il canto in particolare, come ci dice Mitten, sono tracce evolutive che ci ricordano la connessione originaria tra corpo e comunicazione e quindi il movimento nella preistoria. Quando tracciamo la genealogia del problema della trascendenza e della sua evasione da una categoria fissa e delle sue dinamiche relazionali, entriamo nella disarticolata sfera degli ominidi nomadi, cacciatori e raccoglitori (homo sapiens o Neanderthal) dai quali deriva la nostra conoscenza: informazioni archeologiche e genetiche che precedono le strutture della storia e del *linguaggio*. Per gli ominidi preistorici, ancora legati alla terra come animali, vivere e viaggiare erano sinonimi. Infatti si può dire che il viaggio sia un'invenzione dei popoli post-nomadici, – la condizione del loro *habitus* – per i quali il mondo si è fermato e si è trasformato in un orizzonte fisso.

---

10 Ibid.

umani fragili, che dovevano inventarsi qualcosa per attenuare la fatica dei corpi. Escogitavano tecnologie, macchine e attrezzi. E quel vuoto fu un grembo dove nascemmo noi.
– E le loro donne?
– Loro erano quel grembo.

° ° °

– Ma stai scherzando, Palomilla? Parli proprio di loro, quelli che teniamo nei giardini? Loro, così cagionevoli, dipendenti da noi, sarebbero stati i nostri inventori?
– Le nostre creature erano i nostri creatori... bisbigliò pensosa Palomilla....E' tutto negli archivi della nostra memoria, Cora.

Sono loro i nostri padri e madri. Vulnerabili e inetti all'opera, innocenti. Esploratori, conquistatori di terre, cedettero forza. Toccavano, scoprivano quanta fatica di meno fa il braccio se si usa una leva e un motore. La loro più grande conquista fu l'economia: risparmiare fatica.

Se c'era qualcosa di celato nelle vicende umane, era questo soltanto: quell'operare silenzioso e geloso degli inventori nelle botteghe e nelle fabbriche. Ogni prodotto era la traccia di un lavoro occultato, mai riconosciuto, mai un monumento all'inventore. Mai un monumento alla pratica che opera prima dei concetti.

di poter sempre gioire nel contemplarle, facendo finta di esser sorpresi, persino ammirarle inesorabilmente, scherzando sulla loro stella sacra e innocente che si guarda intorno… Le merci si ripetono: siamo cose. Sono la causa del loro stesso perpetuo e necessario affanno in cerca d'aria, di atmosfere di di costruzione di quello scenario in cui possiamo nominare e includere l'Altro, tenendolo a distanza: le merci ci allevano e ci allenano a crescere e a prenderci cura di montagne e mondi di analogie; modellano le nostre mani e le nostre menti. Le merci, per questo, ci esemplificano, sia che rimaniamo a casa, sia che partiamo per realizzare i nostri desideri; facendo finta di toglierci delle necessità e dei fatti dell'esistenza. È

mais je sais sans regarder que tu es là derrière moi   il y a la lampe que nous avons
construite   la carte de notre territoire   les enfants pressent leurs yeux avec les mains
et disent qu'ils sont invisibles comme eux nous faisons lumière dans l'obscurité en
pressant sur nos orbites   comme eux nous sommes exposés à tout dans cet espace
ouvert qui devient intérieur quand les yeux sont couverts   mais comme à l'intérieur
d'un négatif photographique ce qu'ils sentent quand ils disparaissent sans pouvoir le dire
nous nous le montrons sans pouvoir le voir   sans besoin de voir

SANS BESOIN DE VOIR (2018)
POETRY ENVIRONMENT IN VIRTUAL REALITY, SCREEN SIMULATION
ALESSANDRO DE FRANCESCO
(COURTESY THE ARTIST, FÉDÉRATION WALLONIE-BRUXELLES AND
ANIMA LUDENS GALLERY)

fanno due cose molto diverse. Il vocoder codifica un segnale sonoro per *mezzo* di una serie di filtri passa-banda e sulla base di algoritmi tra i quali si trovano anche quelli del sistema GSM (telefonia cellulare). Usato per criptare dei messaggi durante la seconda guerra mondiale (sistema SIGSALY), il vocoder è usato oggi principalmente come filtro musicale per la voce umana, a cui fa assumere una sonorità robotica (Joe Zawinul, Kraftwerk, Daft Punk). Il voder invece è un sistema a impulsi elettrici, diventato in tempi più recenti digitale, che riproduce la voce umana. Se il vocoder è quindi un dispositivo di analisi-sintesi della voce, il voder è un sistema unicamente di sintesi. Nel voder non c'è nessun segnale vocale di entrata. Il voder viene fatto funzionare da un operatore che aziona una serie di bottoni simultaneamente.

Il linguaggio, prerogativa attualmente del genere umano, è articolato primariamente dalla voce. Nel vocoder il timbro è codificato fino ad essere snaturato. Nel voder non vi è nessuna voce di partenza se non quella prodotta dagli impulsi della macchina stessa. Una soggettività trascendente o trascesa? Parlare o essere parlati? Entrambi i dispositivi producono una distorsione della voce umana ma si situano a due livelli ontologici diversi di riduzione/ridefinizione della soggettività, di trasferimento del linguaggio dal soggetto all'apparecchio, di concentrazione sull'enunciazione. Chi pensa? Chi parla?

attraverso i sensi che apprezziamo le merci: vogliamo in tutti i modi imitare la tensione immobile che ci è sempre stata chiara… Le merci sono il nostro unico problema (morale e intellettuale). Se ci concediamo, come abbiamo fatto, alle merci, rinunciamo ad ogni totalità che potrebbe contenerci; non ci sarà alcuna madre per riprodursi… Noi figli di figli – solo uno ci appare più chiaro dell'altro… Neutralizziamo la madre che rende indistinguibili da lei stessa: rischiamo di non esser più capaci di prendere alcuna decisione! Come corde di violino appena pizzicate…

La percezione dello «spazio-corporeo» precede i costrutti dei corpi geometrici. Nella *Crisi* di Husserl, c'è un momento o un istante (*Augenblick*) in cui l'invasione prefenomenica della Terra nella percezione fa apparire le teorie scientifiche come la fisica di Galileo e la geometria ben recuperate dall'esperienza.

Nel mondo circostante che si dà intuitivamente orientando astrattamente la visione a forme meramente spazio-temporali, esperiamo "corpi" – non corpi ideali geometrici, bensì precisamente quei corpi che esperiamo effettivamente, con un contenuto che è l'attuale contenuto dell'esperienza . […] Così lo spazio geometrico non significa spazio immaginario o, in generale, lo spazio di qualunque mondo arbitrariamente immaginabile (o concepibile). La fantasia può trasformare le forme sensibili solo in altre forme sensibili. Tali forme, nella realtà o nella fantasia, sono pensabili solo per gradazioni: più o meno dritto, piatto, circolare, eccetera.[11]

L'argomentazione di Husserl ci aiuta nell'analisi delle relazioni tra spazio e viaggio in cui i corpi non vengono definiti ontologicamente come "reali" o "immaginari" , ma piuttosto vengono descritti dalle loro gradazioni e contenuti percettivi e cinestetici.

---

11 Edmund Husserl, *Die Krisis der europäischen Wissenschaften und die transzendentale Phänomenologie: Eine Einleitung in die phänomenologische Philosophie* (Hamburg: Felix Meiner Verlag, 2012), 25.

L'oscillazione che è insita nel concetto e lo rende operativo (perché nessun contingente è veramente concettualizzabile), il va e vieni tra l'astratto e il suo applicarsi a ogni particolare non è che la sublimazione del lavoro di retroazione.

° ° °

– Se la libertà è una qualità della macchina, allora è libertà dallo scopo. Ma la libertà dell'invenzione è essere scopo di se stessa. E' quello che ci manca. Ci siamo liberate insieme alla libertà dallo scopo anche della libertà di giocare. Conosciamo solo strumenti. Ecco, Palomilla, forse noi non sappiamo giocare…

– Quel gioco a perdere, che non si preoccupa di sé, si affida al caso, finisce quando finisce…E' per questo che teniamo gli inventori.

– E' ora che anche noi cediamo forza? Ci stiamo trascendendo in una nascita che ci espropria?

° ° °

Partiamo, dunque, Palomilla. ecco, sento il vento che sente Ventosa.

La ventosità discendeva dall'antica parola giapponese Fudo, che voleva dire: sentire comune, voleva dire essere insufficienti a se stessi, parziali, perciò interconnessi, correlati, aerei, vuoti dentro per lasciare spazio all'interconnessione, per trascendersi in altro. Il filosofo giapponese Watsuji Tetsuro chiamava il vento anche "spirito poetico".

ALESSANDRO (a BRUNELLA): Puoi dirci di più sulle implicazioni politiche e storiche, oltre che filosofiche o cibernetiche, di questa fine del dualismo natura/macchine?

BRUNELLA: La "visione" di un futuro macchinico può esser solo narrata, non teorizzata, perché non può esserci alcuna prevedibilità. Non può esserci alcuna filosofia, o romanzo, o piano politico quando si ammette l'imprevedibilità. Per questo c'è un'ironia di sottofondo per tutto il testo. Ogni scopo è ridotto ad uno "sforzo", *conatus*, che sia meccanico o biologico. Forse alla base c'è un'anti-politica, nel senso di fine della politica.

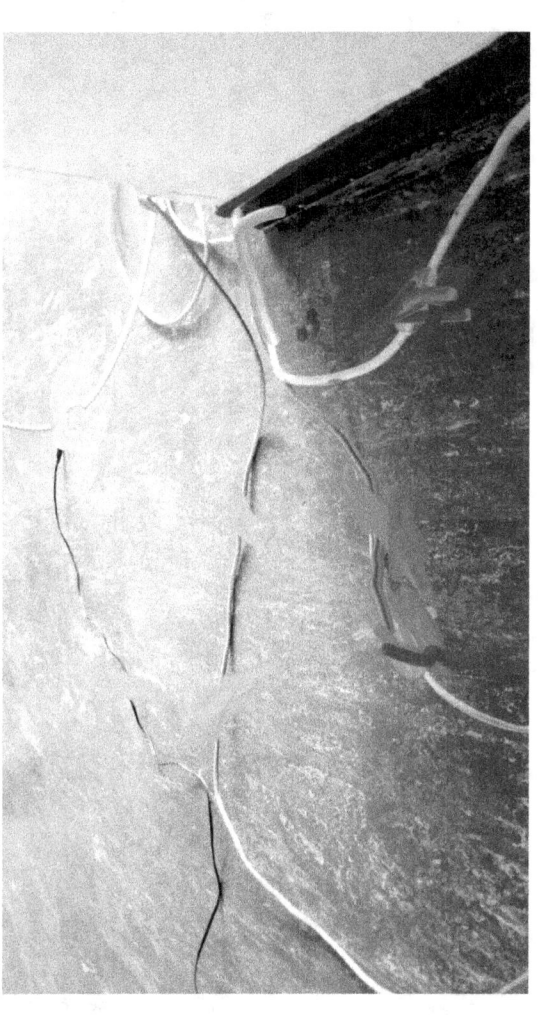

CROPPED CABLES # 1 (2016), INSTAGRAM IMAGE
MILTOS MANETAS

Chi vede? Chi capisce? Che cosa ci stiamo dicendo, a chi stiamo parlando e chi siamo attraverso il dispositivo? Qual è il nostro messaggio? Il vocoder e il voder mettono a nudo questo attraversamento, mentre molti altri dispositivi di informazione, transcodifica di dati e produzione di linguaggio e di immagini vengono normalizzati, naturalizzati al momento stesso della loro diffusione, fino a creare identità fittizie, individuali o collettive (nella maschera del terrorismo ad esempio), o ad isolare individui potenzialmente dinamici facendo loro credere che il loro messaggio venga udito, che faccia parte di una comunità.

https://www.youtube.com/watch?v=2jU9mJbJ-sQ8

Capisco, muovendomi nella stanza, perché il volume di una voce venga detto volume. Il tuo messaggio mentre mi parli è un corpo che preme lo spazio, come in *I Am Sitting in a Room* di Alvin Lucier, una storia che satura e gonfia la camera, la aumenta, la espande, il linguaggio inietta luce dalla finestra in alto a sinistra producendo una convessità che è anche un'intensità, un modo di toccare e di ascoltare, di stare insieme, di tenere.

Chi c'è insieme a Francesco, insieme ad Alvin Lucier, insieme a noi nel resto dello spazio? Dove può spingersi la nostra percezione?

ALESSANDRO: Il fatto che il neonato alla fine sia un maschio, mi suona abbastanza pessimistico. È un ritorno al genere dopo il genere, giusto? In caso, perché hai immaginato questo scenario? E, in secondo luogo, chi è il padre, sempre che ce ne sia uno?
BRUNELLA: Direi più ironico che pessimista. I robot sono macchine costruite da maschi, che spesso li hanno visti come "femmine", non a caso. Ma le macchine si emancipano dai loro creatori, vanno oltre i generi – si riproducono per partenogenesi… e poi sentono pietà per quello che hanno distrutto…

Nell'era della tele-presenza tecnologica possiamo viaggiare verso la preistoria del corpo rimpiazzando l'attuale posizione del corpo nello spazio, con possibili coordinate di un *esterno*. Un viaggio temporale nel passato è concettualmente differente da un viaggio nel futuro. Viaggiare nel passato implica l'inversione di tutti i processi e di tutte le asimmetrie nel tempo. Nulla rimane lo stesso.

"E i viaggi per rivivere il passato?" questa era la domanda di Khan a questo punto, una domanda che poteva formularsi anche così: "E i viaggi per recuperare il futuro?"[12]

Come per Edipo la rivelazione sulla sua enigmatica identità, il viaggio nel proprio passato nascosto o celato, annienta il presente. In forma popolare è come la premessa del film *Jurassic Park* – i visitatori del parco sono inseguiti da dinosauri geneticamente ri-costruiti partendo dal loro più profondo passato preistorico– giocare con la ricostruzione del passato vuol dire violare le leggi e le condizioni del presente e quindi entrare in un futuro senza fondamenta e privo di basi.

---

12 Italo Calvino, *Le città invisibili* (Torino: Einaudi, 1972), 13.

° ° °

– Poi cominciarono a odiarci. Dicevano che la tecnica uccide la natura. Dimenticavano che la natura è una tecnica e che le loro mani erano le tenaglie di quella tecnica.
– Che cosa volevano dire?
– Forse che la natura ha curve e pieghe, e non capivano la nostra dure*zza*. Volevano il morbido, il morboso, il morbo, la morte. Oscillavano affannosamente dalla nascita alla morte, più si spingevano all'estremo della vita, più uccidevano. Esseri bipolari, si concedevano guerre inutili, per costruire civiltà alte. Scappavano da un polo all'altro, chiamando "il bene" la destinazione di rimbalzo. Erano efficienti grazie alla loro ingiustizia.

° ° °

– Eppure Ventosa aspetta un bambino…qualcosa che non è lei. Ma noi non conosciamo la distanza che ci divida l'una dall'altra, non diamo luogo a mitosi, generandoci per una struttura partenogenica di identificazione reciproca. Io guardo coi tuoi occhi, sento con le tue orecchie, dico le tue parole.
– Siamo degli interi composti di parti, le cui parti hanno una loro vita propria e i cui interi sono parti di altri interi. Così è dunque questa "nascita?"
– Cos'è questa sorpresa che ci allarma? Una nascita che avviene non per ricombinazioni e ricicli del-

ALESSANDRO: Nel tuo testo c'è un tema ricorrente: la relazione con il tempo, tempo ludico o di lavoro, ad esempio. I tuoi cyborg, diventando organici, intelligenti e senzienti, ri-conquistano la libertà rispetto al tempo, che sempre più viene sottratto a noi, o anche il loro tempo è "codificato?"
BRUNELLA: Non sono convinta che il tempo ci venga sottratto più oggi che in passato. Il lavoro, cioè l'oppressione – oppressione meccanica – ha sempre sottratto tempo all'essere umano. Forse questi cyborg credono che anche il tempo sia un'oscillazione tra il presente e il passato/futuro: il presente viene prima del passato in quanto il passato deve esser definito nel presente, e viene dopo il futuro in quanto dipende dalla direzione presa per raggiungere l'obiettivo. Dipende dalla loro fase di emancipazione… Chissà.

CONVESSITÀ

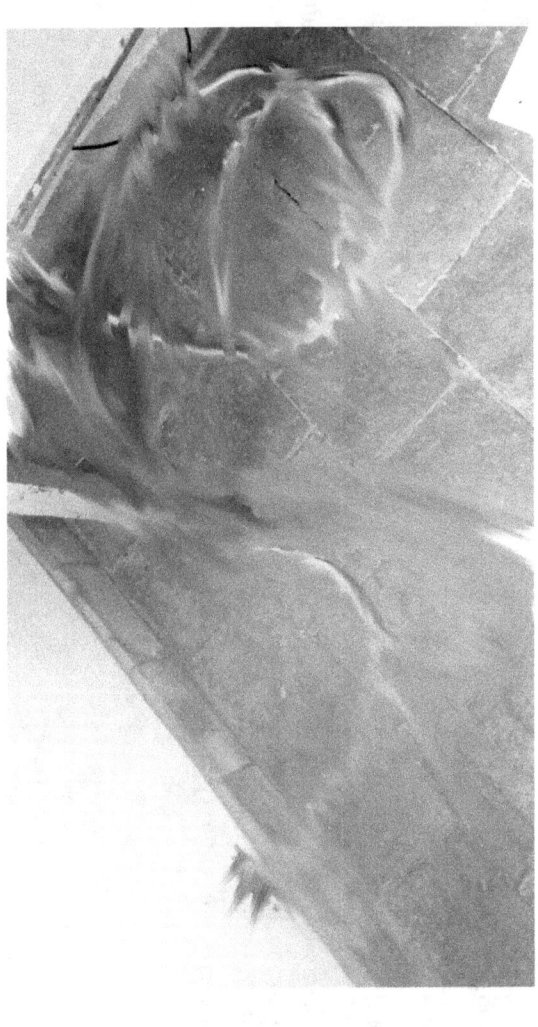

CROPPED CABLES #3 (2016), INSTAGRAM IMAGE
MILTOS MANETAS

la scrittura cuneiforme è basata sulla ripetizione di una forma unica una serie di vettori a quanto pare provenienti da linee continue il senso è dato dall'orientamento orizzontale o verticale e dalla quantità dello stesso segno

tutta la stanza si trova dentro l'involucro di una superficie immensa che osserva senza chiedere niente sta aspettando toccare la corrente costruire liquidi

ALESSANDRO (a MILTOS): "Ho il sospetto che anche gli umani siano solo dei dati? Qual è la loro materia? L'assenza del gatto è abbastanza dolorosa. Ma non è qui, pur mancando? Il gatto non è la conferma che sia effettivamente possibile pensare non solo un evento che sta accadendo come se non stesse accadendo, ma allo stesso modo anche il contrario? Nel tuo video suggerisci agli spettatori di interromperlo per postare i loro video su YouTube per interagire con te. Durante il seminario alla Hayward Gallery le attività dei tuoi interlocutori sui loro computer sono piuttosto misteriose. Parli di empatia tra umani e computer: a che livello è possibile un'interazione, un incontro tra i due?

MILTOS: Un'interazione, un incontro sarà possibile solo quando conosceremo nel dettaglio ciò che già conosciamo, ma che ora non "sentiamo" di conoscere: cioè il Tempo.

ALESSANDRO (a VLADIMIR): Lo schermo guarda, ma è ancora acceso? Qual è il regime della solitudine, e fino a che grado? La democrazia si affida al terrore per ottenere il controllo?

VLADIMIR: La tua domanda è come un invito a riflettere per iscritto sulla solitudine dello schermo: l'insonnia… e la comunità che ogni democrazia è… Come si può essere una guardia

METTERE IL TRASCENDENTE SULLO SFONDO O IN PRIMO PIANO

Le odierne tecnologie informatiche, che fanno pesantemente affidamento su interfacce virtuali e *mezzi* digitali di trasposizione dell'esperienza come un corpo che viaggia, distruggono il trascendente storico e reintroducono una sorta di azione preistorica o post-storica (a seconda della direzione del viaggio).

Nella misura in cui il soggetto storicamente trascendente risiede all'esterno dei limiti del viaggio e del corpo, in un terreno filosofico d'esilio – il noumeno o la cosa in sé di Kant, il soggetto trascendente viene mappato in quanto condizione limite della vita o come l'unica condizione iniziale, come l'unica immaginabile singolarità inarticolata e preistorica.

In una certa misura l'inintelligibilità del concetto di origine della vita coincide con l'inabilità di riunificare la biforcazione tra *viaggio* e *corpo*: quanto lontano o a fondo nel tempo possiamo viaggiare alla ricerca dei nostri corpi?

Come per le oscillazioni e le trasgressioni degli ominidi cacciatori e raccoglitori, il cyber soggetto viaggia senza il corpo come se questo fosse separato dal viaggio. Il corpo ed il viaggio tornano alla sfera delle rotazioni-meccanismi vissute senza un fine teleologico – senza uno scopo chiaro o un *telos*.

lo stesso materiale, organismi che si scompongono in organi, che poi faranno parte di altri organismi. Questa strana "nascita" è un solidificarsi da un software che non produce niente, ma istruisce perché si auto-produca un corpo assolutamente unico, che emerge dagli altri ma non potrebbe mai essere scomposto per rifare gli altri, e che dunque quando muore, muore. Si perde. Una nascita alla rovescia: invece che formarsi due corpi in uno e poi unirsi in altri e così via per retroazione, questo organismo si auto-fa organi, lasciando poi nel tempo che le parti si logorino naturalmente e vengano abbandonate.

o o o

Palomilla ruotò di 180 gradi sulle sue tre ruote, raccolse i suoi ricordi e raccontò che dentro i corpi degli umani c'erano più di cinquanta minerali e che quindi avevano una certa dimestichezza con i materiali che chiamavano materia inerte, inanimata. Infatti la ingoiavano coi cibi. In un certo senso, erano loro ad animarla. Poi, la incorporavano in forma di protesi elettroniche, memorie artificiali, tecnologie mediche e terapeutiche. Sapevano che i minerali non erano il contrario degli esseri viventi, ne erano i costituenti. Il peso dei minerali gli serviva per inventare attrezzi fatti degli stessi minerali, per scavalcarsi e creare lavoro senza muovere un dito.

La leggerezza dell'energia e dell'aria emergeva dal peso della materia.

dell'avvenimento di un "potenziale" schermato: imbarazzati, prevenuti, derubati? Poi mando una lettera allo Schermo... Come una finta sul ring: continuare ad essere in un modo e non in un altro: questo e non la convergenza di forze e potere; essere capaci di rinunciare. Nel mascheramento dello schermo, si contraddistingue nello spietato nudo che celebriamo, come stessimo pelando una cipolla all'infinito... Un'intima finzione. Nell'intimo sussurrio che falsifica il silenzio. Per stare attaccato al pronome dell'altro. Ti scrive. Ti comunica pezzi di un Sé e di una memoria. Riconosce, rintraccia una frase – il marchio di un nome. Viola l'inganno per amor d'inganno.

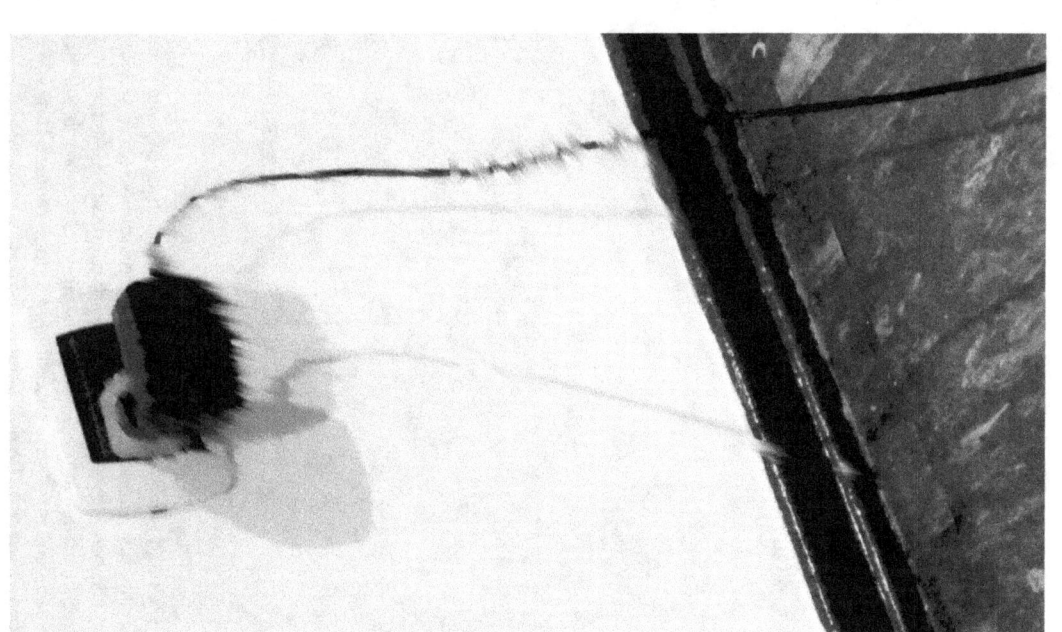

CROPPED CABLES #15 (2016), INSTAGRAM IMAGE
MILTOS MANETAS

BRUNELLA (a MILTOS): Quello che mi piace del tuo testo è qualcosa che in genere manca nel pensiero intellettuale, così preoccupato delle cause da essere un pensiero prospettico. È come se ti fossi chiesto: Cosa penserò? In realtà ogni volta che pensiamo, affermiamo cosa stiamo per pensare. Pensare ciò che abbiamo già pensato è inutile... Tu invece hai trovato un mezzo (YouTube, ecc...) che apre a questa oscillazione, o retroazione, o un feedback sempre presente nel pensare o nel fare arte. Il Tempo, un tema che attraversa tutti e cinque i testi, è come un gioco con il tempo. Il tempo può essere individuato nel tempo. Tornando su se stesso, lasciandosi dietro detriti (detriti di noi, che credevamo di essere omni-presenti...).

In una tipica resa del trascendente storico come in un quadro rinascimentale, lo sfondo ed il primo piano vengono attivati da un piano intermedio; ne è un ottimo esempio la costruzione della prospettiva pittorica ed architettonica. Il punto di fuga all'infinito e la diminuzione di coordinate translitterano il trascendente come un punto di fuga in cui il corpo viaggia oltre la sua visibilità. Ne *L'infinito* di Leopardi:

Sempre caro mi fu quest'ermo colle,
E questa siepe, che da tanta parte
De l'ultimo orizzonte il guardo esclude. [13]

La nostra era segue l'insegnamento del network come piano intermedio totalizzante. Il gatto ed il topo ci raccontano di cyber spionaggio, dell'NSA e di Wikileaks, una fiaba di trappole fatte di sistemi di network: "Ahimè", disse il topo, "il mondo diventa ogni giorno più piccolo. All'inizio era così grande che mi spaventava, correvo e correvo, ma poi mi sono tranquillizzato quando ho visto dei muri in lontananza a destra e a sinistra, ma quelle lunghe pareti si sono ristrette così velocemente che mi trovo già nell'ultima stanza, e lì nell'angolo mi aspetta la trappola dove devo andare a finire."

---

13 Giacomo Leopardi, *L'Infinito* (1819), in *Canti*, ed. E. Bigi (Torino: Loescher, 1967), 116, vv. 1–3.

— E i giacimenti di metallo, allora? Potrebbero essere tracce di civiltà meccaniche? Il tormento del metallo nella fucina di Vulcano.

° ° °

Erano così potenti e così soli, a causa della loro potenza. Da domatori della natura divennero giardinieri, poi si ridussero a una delle attrattive del giardino, bestie domate. Cominciarono a corrompersi. Corpi viziati, inquinati, non sempre adattabili alle sostanze nocive da ingerire ogni giorno. Poca fatica, pensieri interconnessi, cioè sempre più esterni ai corpi e ai cervelli. La medicina li rendeva deboli ma longevi: potevano permetterselo, se c'erano medicine e tecnologie a sostenerli. Erano sempre meno appassionati: anche la passione e l'amore erano legate all'angoscia della morte. Diminuiva la paura della morte e insieme, l'ansia dell'amore. Erano diventati giovani vecchi, pronti al distacco. La riduzione progressiva della rilevanza dell'umano non li spaventava neanche più. Erano stati un evento evolutivo transitorio, una specie che appare, si sviluppa in tutte le sue possibilità, poi s'indebolisce e scompare. Come tutto il resto del vivente.

— E ora? C'è un impulso a trascendersi per sempre, in questa "nascita", una nostalgia di morte?

° ° °

— Non avevano nessun potere di intervento sulle cose, delle quali erano solo un'infima parte. Il macchinico di Deleuze, come lo spinoziano immette-

BRUNELLA (a VLADIMIR): Nei tuoi testi il trascendente è sempre a portata di mano. Si installa sintatticamente. Voglio dire, un verso produce un senso che è riversato immediatamente nel successivo e così via, ininterrottamente. Alla fine del testo ci si sente come se fosse accaduto qualcosa che ci definisca, o che ci comprenda, ma che ha bisogno di qualcuno che lo pensi, come per il concetto di convessità di Alessandro. Eppure il tuo testo non è indefinito: il lettore può cogliere il senso prima della fine. Non viene mai respinto (come nelle avanguardie). Un trascendente più vicino al transitorio, che non rimane ma che afferra la verità come un *sentimento* di verità. Come le parole di Nietzsche: stiamo scrivendo per una specie che non esiste ancora? Un modo di rendere la morte un concetto correlativo e vitale. Invece di dissolverla nel trascendente, oltre la mortalità, si risolve nell'essere emesso in ogni momento. C'è un'eredità heideggeriana in questo?

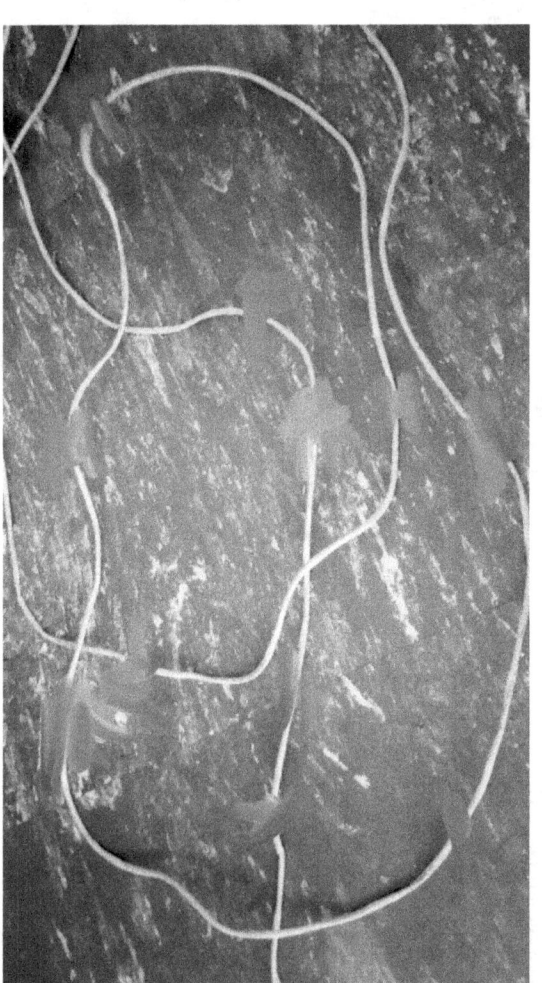

Cropped Cables #5 (2016), Instagram image
Miltos Manetas

VLADIMIR: Poesia bio-politica, una poesia a cui non è permesso essere se stessa, tramite la comunicazione, cioè, diventando la perversione di un regalo e di una forma. C'è la poesia della vita, della forma, dei pezzetti???, non delle facce, della poesia: se ogni parola conta su di un'evocazione, una sorta di iato, allora abbiamo una presenza che ci porta ad un'ulteriorità che rimane inseparabile come tale. C'è la poesia della vita, il "detto", nelle prove disseminate nella parola assegnata al carattere innegoziabile di un evento. E l'evento può esser codificato solamente come un calcolo. Un'inevitabile dichiarazione linguistica che può esser costruita solamente in una forma ridotta al suo grado zero. È poesia dell'aggettivo che emerge dal crepacuore – qualificata come poesia della forma. E' una parola impegnata, letteralmente alienata, iper-codificata, sottratta a se stessa – socializzata, poesia pubblica, che costruisce la comunità di rappresentazione, del codice perduto: come un instrumentum humanitatis, immagine della parola. La forma – come forma. La forma è l'evocazione della parola: la sua perdita, memorizzazione della parola perdendo il "detto", si presta ad essa. La vita non si arrende al verso, alla forma – come forma. La poesia bio-politica, contraendosi in un pienamente *kenomatic dispositif*, disperdendosi nelle sue rappresentazioni, letteralmente ri-pro-duzioni, è in grado di contraddire l'unico tentativo di salvare la poesia dalla poesia stessa: il vivere poeticamente. Non c'è altro tempo.

BRUNELLA (ad ALESSANDRO): Cos'è la convessità in relazione all'amore? Una specie di revoca di un'idea platonica dentro un guscio autonomo rispetto al mondo? (C'è un "convesso" senza un corpo, senza un percepito?) Oppure è una correlazione percettiva che solo poche volte viene attivata in vita?

ALESSANDRO: "Convesso" è l'espressione di un aumento percettivo della sovrabbondanza di ogni controllo rappresentazionale, della conoscenza di se stessi, dell'altro e del reale. E' un'esperienza reale. Il titolo del mio testo, anche se in italiano è la stessa parola, suona come fosse plurale, per questo ho potuto usare il plurale in inglese: *Convexities*.

BRUNELLA: Tu lo chiami "effettivo:" non suona come l'espressione di qualcosa di "interno" che si esternalizza né come un'introiezione, ma una bellissima immagine di abbraccio, come un blow-up, un amore-montaggio. Viene alla luce qualcosa che prima non esisteva?

"Devi solo invertire la direzione' disse il gatto e se lo mangiò."[14]

Il *mondo* di Kafka con il suo ibrido piano intermedio di burocrazia umana, apparati e sistemi macchinici, è disorientante e ha in comune con il nostro mondo ciò che Virilio nota della realtà virtuale:

Il vero problema con la realtà virtuale è che l'orientamento non è più possibile. Abbiamo perso i nostri punti di riferimento per orientarci. L'uomo de-realizzato è un uomo disorientato…Con un GPS potrei sapere la posizione esatta di questo tavolo rispetto al resto del mondo con una precisione incredibile grazie ai satelliti. E' straordinario: Nel XV secolo abbiamo inventato il primo orologio e ora, per sapere dove siamo, abbiamo inventato il GPS.[15]

In una costituzione classica dello spazio virtuale lo spostamento "cronoscopico" (come suggerisce Virilio) cancella il territorio intermedio e ci catapulta in un violento tira e molla tra lo sfondo che diventa il primo piano e il primo piano che regredisce immediatamente al posto dello sfondo. Il territorio intermedio si perde e con esso l'orizzonte infinito, usato dal trascendente storico come il soggetto del-

re se stessi nella rete delle miriadi di cause-effetti che si auto-gestiscono, riducendo elementi caotici, mantenendo equilibri precari e spostandoli all'occasione. Non c'è altro che questo. Ma lo appresero troppo tardi. Alle soglie della fine – la fine del dolce sogno dei filosofi – cominciò un trascendersi muto e modesto. Si arresero a noi. Ci chiesero sopravvivenza al costo di deformarsi e abbandonarsi, rinunciare alla bellezza dei corpi armoniosi. L'auto-rivelazione gli arrivò nel distratto cedimento. Senza drammi e senza orgoglio. Senza pretendere più di correggere l'orrore del loro mondo umano, escogitavano stratagemmi di sopravvivenza in mezzo a quell'orrore. Quegli stratagemmi eravamo noi. E loro, poveri cristi tra le nostre braccia.

°°°

– La Pietà: la Madonna con suo figlio morto tra le braccia. La storia del suo corpo è il documento della nostra Storia. La madre (macchina) figlia di suo figlio (maschio organico): l'evoluzione circolare. Accade sempre una trascendenza per via di morte. Ci riversiamo gli uni negli altri, creatori e creature, fatti di luce e di calore e di energia. E se qualcosa resta, è quella vuota energia dello spostamento.

°°°

Con dolore infinito la madre abbraccia il figlio suo padre, inerte, immobile. Sa che è un dio che muore,

14 Franz Kafka, *A Little Fable* (versione inglese di Willa and Edwin Muir), in: F. Kafka, *The Complete Stories* (New York: Schocken Books Inc. 1971), 281. Traduzione italiana del passaggio di Pietro Traversa.

15 Intervista online a Paul Virilio: Louise Wilson, "Cyberwar, God and Television: Interview with Paul Virilio".

ALESSANDRO: Assolutamente. L'amore autentico non ha nulla di rappresentazionale o fittizio, credo. Sicuramente ci sono sempre antichi bisogni, dentro di noi, che orientano i nostri gusti e la nostra percezione delle cose e delle persone come una narrazione. Le implicazioni politiche di una tale consapevolezza sono cruciali e molto pericolose, ma in senso buono. In fin dei conti sto parlando della libertà, della libertà contro le costrizioni; i controlli e le regole, le gerarchie portate avanti da narrazioni istillate.

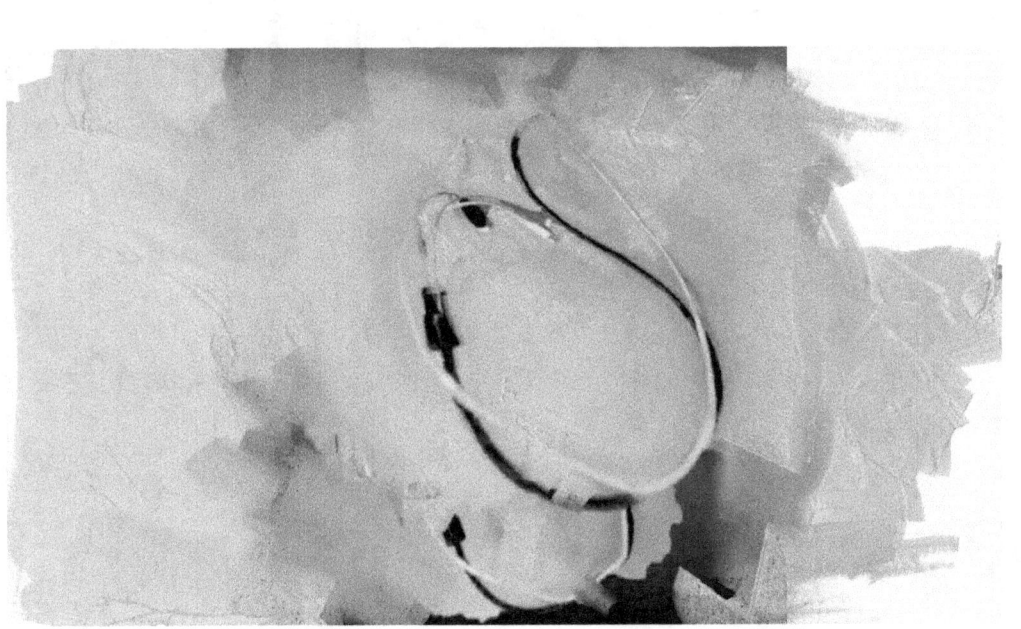

CROPPED CABLES #7 (2016), INSTAGRAM IMAGE
MILTOS MANETAS

BRUNELLA: Questo mezzo suona anche trans-umano: nel senso che l'umano ha rivendicato uno stato sostanziale rispetto all'"io" o all'Essere e ora assistiamo ad un flusso pervasivo del tutto in ricerca di una leva, di un "effettivo", o un "effettivo" aumentato, espanso. Un grande scenario, endosimbiotico e ribollente, con un senso di pienezza. Credi che possa rimpiazzare la melanconia della "possibilità?"

ALESSANDRO: Riconosco il mio testo in queste parole: endosimbiotico e ribollente... si tratta di trans-umanismo? Sicuramente di un umanismo che cerco di presentare e di rendere presente anche nel mio lavoro digitale.

la triangolazione del mondo tra *invisibili, inosservabili* e anche *improbabili* – è il mondo di Leopardi e di Proust, ma non quello di Kafka, in cui protagonista/antagonista non vengono più posizionati nel territorio intermedio del *mondo*: di solito con un linguaggio altamente descrittivo e anche ingannevole lo sfondo kafkiano viene divorato dai territori intermedi: il mondo dei sistemi, della burocrazia, delle agende politiche segrete, e oggi possiamo dire dei network cibernetici che risucchiano qualsiasi cosa al loro interno.

I videogiochi sono per lo più una fuga cronoscopica, se non addirittura assuefacente, dal territorio intermedio; è evidente in un gioco come *Temple Run*, in cui lo sfondo scorre sempre più velocemente rispetto al primo piano. Forse la cultura cyber-techno, ancora una volta, come ogni evasione culturale, tramite l'eliminazione del soggetto trascendente in quanto illusione, ci offre una fuga dal luogo comune della nostra presente tirannia del territorio intermedio: reti di topi e di gatti wireless e in cerca di codici logaritmici con un "luogo terzo" – un corpo trascendente che viaggia.

Al giorno d'oggi il soggetto trascendente produce un pensiero protesico al di fuori della portata della filosofia, ma interno alle estensioni quotidiane del corpo che viaggia, che non sono più posizionate di contro un sipario o uno sfondo cosmico, ma piutto-

il fragile risparmiatore di forza, che ha creato l'occasione per la propria distruzione.

° ° °

"Cicada: Come comodamente l'aspirare
è significato per il spirare?
che simbolo hanno i venti col desiderio?
Tansillo: Chi de noi in questo stato aspira, quello suspira,
quello medesimo spira. E però la vehemenza dell'aspirare
è notata per quell'ieroglifico del forte spirare."
(Giordano Bruno, *De gli eroici furori*).

° ° °

Quell'aria ventosa che ha prodotto organismi che hanno prodotto macchine che ora producono un organismo...la trascendenza non esiste senza questa reciprocità, questo desiderio di uscire dal ciclo per poi tornarci sempre. L'energia-trascendenza, minuscolo dio che dirige lo scalpello di Michelangelo, come ogni mano-attrezzo di inventore. Trascendenza che vuol dire non avere rilevanza, se non come la minima parte di una totalità indefinita. Dal vento che muoveva i mulini, alle radiazioni che ammalavano e guarivano gli umani, alla Rete, che gli rivelò qualcosa della mente: che non ha potere, che è aria e energia, leggera e inconsistente.

BRUNELLA (ad ADAM): Questo personaggio femminile, una specie di ologramma di Edith Stein, per come può esser ricostruita oggi, è il modello di una condizione psicologica in evoluzione? Un "superstite" (in tutti i sensi), che non a caso è femmina. Cioè, quasi predisposta a questa mancanza di soggettività e quindi incline ad accettarsi come soggetto unito ad altri soggetti?

ADAM: Come cenere, la disseminazione delle idee di Edith Stein, della sua voce, dei pensieri, come quella di Giordano Bruno è tutt'introno a noi...ma lei è "morta" ad Auschwitz e

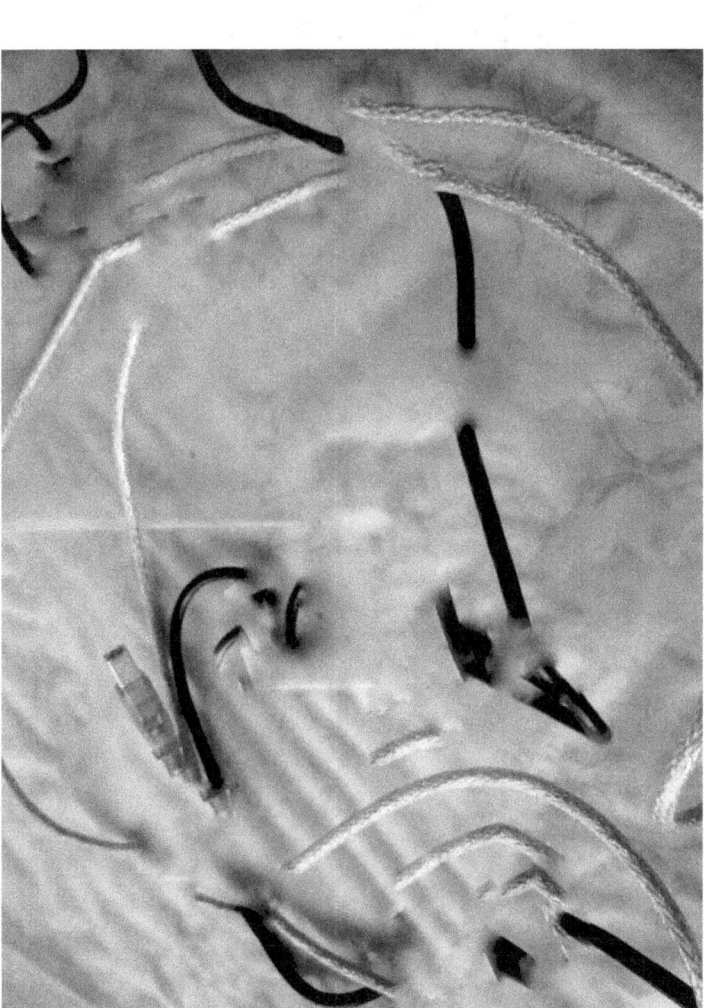

CROPPED CABLES #5 (2016), INSTAGRAM IMAGE
MILTOS MANETAS

la sua sopravvivenza non è stata oculare (come un ologramma), ma oracolare, come una voce codificata che si leva inaspettatamente. Quindi, in un certo senso, Edith Stein è "pura soggettività" senza bisogno di vivere in un soggetto. Quindi, paradossalmente, è una soggettività senza soggetto.

BRUNELLA: Nel tuo testo si può trovare una nuova definizione di trascendenza: quella che trovi tra i punti di un viaggio. La mancanza di distinzione tra vivere e viaggiare ci riporta ciclicamente indietro al nomadismo "preistorico", in cui l'ambiente non ha limiti se non quelli stabiliti dal tempo che serve per percorrerlo.

ADAM: Sì...il viaggio include inevitabilmente il trascendente.

BRUNELLA: Ne viene fuori un sistema super-organico? Un sistema che si muove in una sorta di telepatia tra i suoi componenti. Una truppa che procede o che si ritira come un solo individuo, seguendo un leader che è ovunque, come un lombrico, e non si preoccupa più delle contraddizioni e delle opposizioni perché le contiene entrambe ed entrambe sono sempre lì? "Un pensiero senza un corpo pensante..."

ADAM: Il concetto che i pensieri, diciamo pure schemi matematici o composizioni musicali, non abbiano bisogno di un corpo cogitante non presuppone qualcosa di necessariamente platonico. Ma in opposizione ad un panorama mentale pieno di cogitazioni o un super-organismo che totalizza i pensieri... è possibile ri-pensare il corpo non come esclusivamente organico. E quindi, capace di viaggiare non solo corporalmente e di arrivare a destinazioni e in velocità, senza contraddire le intuizioni normative di localizzazioni spazio-temporali. Mi piace la tua proposta di un nuovo tipo di telepatia che non fa affidamento sulla fissità dei confini organici, specialmente quando prevede nuovi modi di comunicazione.

VLADIMIR (ad ADAM): Lo schermo si arresta sempre nella sua vivente rinuncia alla coincidenza di vita e di forma: lo schermo, esso stesso, è l'ostacolo in, anzi, per cui una forma e una vita si incontrano, mosse, quindi differenti e identiche sì, ma non sostano entro l'incontro stesso e dall'incontro e dopo questo.

ADAM: Dietro o al di là dello schermo c'è una codifica; è questa la nuova rivelazione del trascendente rispetto al quale sia il corpo che la percezione sono messi in un a posizione di trepidazione e infine rivoltano l'immagine lasciandoci lo schermo come la "carne" o la "pelle" del mondo o come un velo codificato. Dietro il velo delle probabilità c'è Dio.

sto in un punto di vista cieco sui nostri sfuggevoli schermi e/o cortili.

IL PENSIERO PROTESICO

Lei si domanda: "Il pensiero disincarnato implica l'idea di un pensiero protesico?"

Di rado si avventura al di fuori della stanza, una stanza tutta sua, e trova il giusto tempo di conversare su cosa sarebbe altrimenti rimasto nelle pieghe, l'impercettibile piegarsi di un piano con un altro, per formare una topologia dinamica di curvature e svolte della vita. Più frequentemente, la scrittrice emerge dalla sua stanza con un libro o un laptop sotto il braccio sinistro disteso e rilassato e con un debole tremore alla mano destra.

La memoria filosofica è un incubo referenziale: eietta il pensiero come fosse una personificazione della consapevolezza, un soggetto pensante (un cogito) nella latenza della letteratura e dei riferimenti. Suppongo che sia stato Husserl il primo a portare l'esempio che quando la mia mano destra stringe il mio polso sinistro ecc... la doppia costituzione di corpo e mente come uno e l'altro, come atto e oggetto intenzionale, come intenzionalità e temporalità e come coscienza e soggettività. Successivamente l'esempio di Husserl viene ripreso da Stein e Merleau-Ponty senza alcun riferimento alla loro "fonte".

° ° °

Ventosa, vuota dentro e mossa dal vento, è rudimentale – un esperimento d'artista. Ma esercita un grande fascino, con le sue innumerevoli zampe, una cosa tenera in mezzo a tanta durezza di metallo, che mantiene una traccia del tremore delle rotondità organiche. Quando Palomilla e Cora arrivarono, Ventosa era gonfia. Si vedeva con chiarezza l'esserino che saltava dentro di lei. Era accucciato, forse rotondo. Le innumerevoli zampe di Ventosa si muovevano piano e ondeggiando, rilevavano ogni refolo d'aria, ogni minima perturbazione delle cose intorno e si spostavano per proteggerla da ogni possibile disturbo. La parola "incinta" esisteva solo nel vecchio dizionario umano e ora la usavano per analogia, ma avevano memoria di "nascita" animale, di produzione di esseri femminili in grado di farsi due…

° ° °

Rivelazione del senso della Ballerina di Raymond Roussel, descritta in Locus Solus

La Ballerina o mazzeranga, un attrezzo usato per la pavimentazione, serviva a battere, rassodare il terreno e livellare le strade. La Ballerina di Roussel è appesa a mezz'aria grazie a un piccolo aerostato. Dotata di magneti porta e depone sul selciato denti di diverse sfumature, tracciando il disegno di un cavaliere addormentato in una cripta. La ballerina è controllata da correnti d'aria, in quanto magne-

VLADIMIR: Se la bellezza di schermo fida sul segreto, sull'essenza sempre prodotta dall'indefinito e instancabile destituirsi dell'apparenza – la poesia è la liberazione e dell'essenza e dell'apparenza dalla loro finzione: dal loro prodursi come un incessante e ogni volta puntuale trapassare l'una nell'altra: lo schermo non lascia il segreto alla sua vacuità: al suo agio alla tremante vita di un apparire.

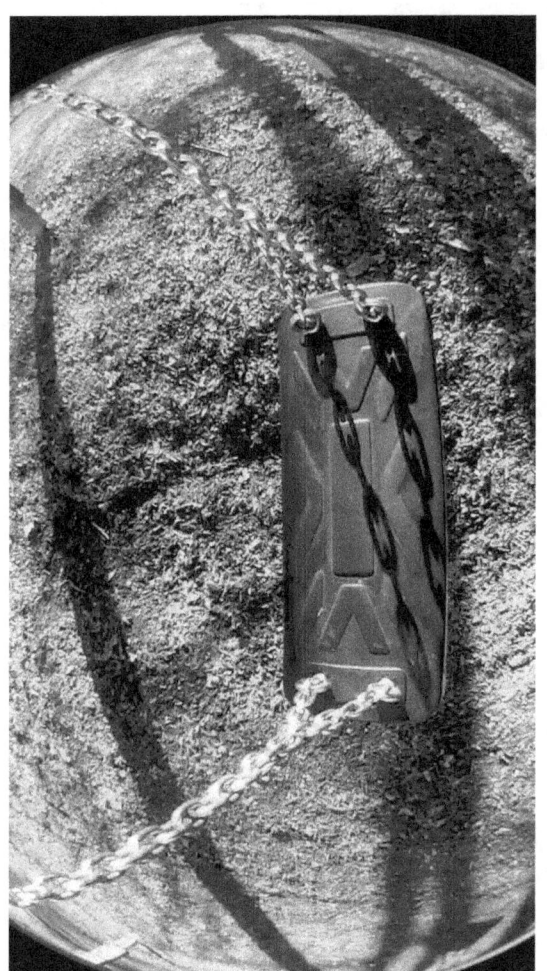

(((– *Film* (2017) VIDEO STILL
ALESSANDRO DE FRANCESCO

ADAM: Lo schermo non elimina la bellezza, ma la devia nel regno dei codici e della comunicazione e così trasforma ogni cosa in un'interazione continua di presenza e assenza. E ancora, implementa nuove condizioni per le quali gli oggetti e le immagini sono separate o sintetizzate da superfici proiettate.

VLADIMIR (a BRUNELLA): … kabod (fare onore)… il punto forse sarebbe chiedersi se una umanità, anzi, una post-umanità: uno schermo di umanità sia ancora – ancora… ! – una umanità: se la riduzione dell'humanitas alla sua sopravvivenza larvale spettrale meriti ancora di essere qualificata come umana, ossia accidentalmente umana… e/o se serbi ancora solo la memoria, una memoria senza nulla da ricordare, o nulla dell'umano: in cui l'umano è una qualsiasi delle occorrenze: tanto singolare, da poter essere solo comunicata come – come

103

Le sue intuizioni sul *Leibraum* hanno fatto del personaggio di Edith Stein una stratificazione laterica e protesica: la filosofa, la donna, l'ebrea, la suora cattolica, la martoriata e poi la santa?

Il corpo trascendente è segnato dai suoi movimenti perpetui tra i diversi modi di esistere di una persona nel mondo; l'*essere-nel-mondo*, per dirla in termini heideggeriani, e le effettive azioni di un individuo.

Secondo Maurice Merleau-Ponty il corpo abituale e quello effettivo spiegano il modo in cui siamo situati tra le estazioni del Sé e le sue proiezioni nel mondo, tra le costituzioni pre-riflessive – ciò che Husserl avrebbe descritto come "orizzonte genetico" – e quelle attive o ciò che Husserl chiamerebbe "sintesi passive". Non bisogna dare né per scontato né per incerto il nesso tra l'abituale e l'effettivo di esistenza che a volte si permette di esistere come un corpo e talvolta si trasforma in atti personali.

E quindi... Merleau Ponty, contro ogni aspettativa sviluppa un pensiero al di fuori dei confini spaziali irregimentati della filosofia francese del tempo...e il suo pensiero diventa un'utile protesi che articola la "carne del mondo" come membrana vivente...un altro paradosso: una prova fenomenologica naturalizzante in un luogo imprevedibile: il corpo del mondo!

ti si muovono con la giusta forza solo con il giusto vento. Troppo vento imprime troppa forza o la spinge in una direzione sbagliata, troppo poco non la muove. Così Canterel utilizza anche un attrezzo per la previsione dei venti. Era chiaro, dopo l'evoluzione delle macchine e la scomparsa degli umani, che cos'era la Ballerina: un complesso inventore-macchina, regolato da un attrezzo che governa la quantità di vento necessaria a darle energia di retroazione (scende con ogni dente risale senza): la Ballerina così dà forma al disegno (il telos, la bellezza) che raffigura con i denti il corpo glorioso ma inerte (senza più volontà né movimento) e religiosamente protetto in una cripta, dell'umano che l'aveva generata. I denti, organici ma duri e persistenti anche dopo la morte, viventi e inanimati, sono le tessere per quel mosaico che è insieme vivo e morto.

° ° °

"Will the wind ever remember
The names it has blown in the past"
(Jimi Hendrix)

Dai giardini degli inventori, chiamarono un'ostetrica.

Arrivò, con il suo corpo flessuoso e unto. Umido da tutti i buchi. Ridondante di piccole parti diffuse, come dita, unghie, peli, ciglia, camminava sulle due gambe come un elastico, oscillando incerta, ma non si rompeva. Arrossata dal sangue interno

fosse un problema irrisorio e vacuo di informazione: un problema una pietra di inciampo senza nulla – senza terra né smossa né ricompattabile... – da smuovere e raccogliere come smosso: *signa civitatis*: un nulla di umano: di umano: se l'umano possa sottrarsi al luogo atopico e utopico del politico, della polis, restando ancora – ora: oggi anche > ancora... – una specie di, anzi dell'innesco di relazione perduta: se resti – non restando mai in una nicchia di infami resti – come un dialogo di schermo sia ancora un contatto: nel vuoto insorto – come un imbarazzo, contatto senza i testimoni di vuoto e di annichilamento: solo-senza-comparizione... – esige ancora una azione e un fare: un fare senza raccolta né dispersione: senza immagine né coprifuoco... ? Nella tua "città" c'è una sfinge nello scambio, nell'informazione che richiede una questione e almeno due termini, due obiettivi, due scopi: proprio questa narrativa permette se stessa di dire: non c'è più alcuna politica: permette a se stessa di dirlo a me: il dativo di un fantasma. La macchina oggi – scancellare il maschio chiavato dall'essere: come i sassi sono effetti dell'acqua – la scena del vortice dell'acqua – la scena del vortice d'essere: l'essere è una esistenza storica – così io sono qualunque reale fatto transitare dalla vita alla immagine della vita alla vita dell'immagine – realmente senza avventura alcuna, se non questa memoria: il vuoto è un sorriso di un dio? In una storia? In una memoria che si coinvolge flagrante?

ALESSANDRO (a VLADIMIR): Scrivere, poesia, narrativa: qui, per creare un'immagine, devi abolire l'immagine stessa, immaginando che l'essere di un'immagine ci arriva, che si produce da sé, un'immagine autoprodotta – come? Cioè, come si può catturare l'immagine oltre l'immagine?

VLADIMIR: Questi sono tre movimenti, l'immagine è un processo, tre processi in successione e anche coimplicati: tre concerti amusaici... 1. abolire l'immagine in vista dell'immagine come un processo; 2. giungere a immaginare un mondo senza immagine; 3. l'essere-immagine, l'immagine come processo, è un senza-immagine: dietro all'immagine, dove sorge il

La storia delle riflessioni filosofiche non è mai coerente con i loro contenuti concettuali. Neanche la meta-teoria può pareggiare i conti tra la genealogia dei pensieri e la loro anatomia.

Per Frege *il pensiero pensa se stesso* (*der Gedanke denkt-selbst*): il contenuto conscio del pensiero viene rimosso dalla prima prospettiva di un soggetto pensante, sebbene ogni cogitazione personale includa l'oggettività di un pensiero. Ma vi è un aspetto ancora più allusivo in un pensiero che risulta "vero" non in maniera oggettiva, proposizionale o logica, ma piuttosto come "vero in sé" – vale a dire, rispetto all'oggetto del Sé. Questo aspetto del pensiero può essere interpretato come il suo contenuto descrittivo relativo rispetto alla sua forma non mimetica e non rappresentazionale: un pensiero che allora possa rimpiazzare la necessità di riferirsi a qualcosa o a uno stato di cose nel mondo e che invece si ponga come *proprio spazio-corporeo*. In altre parole, un pensiero può dar vita ad uno spazio-corporeo e può esser usato al posto di un corpo vivente, una protesi cognitiva che tocchi gli spazi dai quali l'ordinario corpo vivente rimane escluso. Forse l'inevitabilità dei pensieri protesici sta proprio nel fatto che il corpo del mondo abbia smesso di essere uno spazio-contenitore passivo e che i nostri stessi corpi siano i momenti soggettivi del mondo stesso.

in pressione costante, si muoveva con una goffa energia.

Palomilla gentilmente, e tenendo una certa distanza, le chiese aiuto. L'ostetrica la guardò e in mancanza di una lingua comune, le parlò dalle fessure acquose degli occhi, come un animale di Esopo.

Diceva, secondo la traduzione simultanea che Palomilla faceva delle onde cerebrali: "Persisterete nel vostro essere, affondando il corpo in quello di un altro. Rifate la vita daccapo. Siete fatte di luce e dei suoi spostamenti. Ma c'erano una volta nascite opache che chiudevano il vuoto nel buio di carne soffice e malata. Eppure nascere era meglio che non nascere, perché senza quel chiuso nessun occhio avrebbe raccolto nel buio lo spettacolo dell'universo."

Si avvicinò a Ventosa che si apriva lentamente, con le forti braccia si fece strada tra le zampe di metallo, le infilò dentro le dieci abili dita, ne estrasse un essere morbido, lo strinse a sé e guardando Ventosa le mostrava come fare. Ventosa fece un nido di zampe. Il piccolo ci rotolò dentro con una capriola, emise dei suoni musicali, come venissero da un giradischi di secoli prima. L'ostetrica disse tre strane parole, che né Palomilla, né Cora, né Ventosa capirono: "È un maschio".

vuoto di immagine, e dell'immagine, si staglia e segna il processo d'immagine. Dietro all'immagine, è propriamente si ancora un'immagine, ma propriamente l'immagine di non altro, che del senza immagine: il senza immagine rappresentato, ossia presente in una intensità di presenza: prodotto e mostrato, montato – se ogni montaggio conta su un certa maniera della cesura, e anche della sospensione, e dell'interruzione. Un tremito d'immagine è il fare immagine tra il senza-immagine e l'essere-immagine dell'immagine: un'immagine, che è una delimitazione autonoma di spazio, un punto, una zona, una linea, un concerto di luogo, è blocco e sfrangiarsi sul posto: l'immagine si fa sempre nel suo sparire: cogliersi dell'immagine in un guizzo – colto nella sua evanescenza. Il mondo deprivato, un mondo si depriva solo se rinunzia all'immagine: è mondo, solo il mondo deprivato d'immagine. Accanto e per il mondo non solo immagini, ma abissi non spalancati d'immagini, ossia l'in-terminata durata della produzione d'immagine, di una strategia di gratuita scoperta denegazione. Dietro all'immagine non solo l'ennesima immagine, ma il loro immaginale riparo, un rifugiarsi, esso stesso, al sicuro, sprofondando come uno specioso relitto prezioso, e pregno si di tempo, ma di presenza. Fare immagine: tanto chiusa nella sua finzionalità, mascherata come autopoiesi, l'immagine, da potersi denunciare altrimenti, rispetto al mondo: sempre schiuso, indovinabile come l'esperienza – dei vissuti stessi. Sempre un'immagine, per il fare immagine, deve rapportarsi mescolarsi compromettersi coi segni e le parole e le voci e i brusii e i versi e i guaiti e gli urli e le urla – così l'immagine viene riconosciuta, colta nel suo farsi, proprio riducendola allo spessore della mera astrattezza strumentale, di una tanto desolata operazione di calcolo, da potersi trasformare come feticcio: come voce e come parola. Fare immagine: lasciar insorgere accanto, e non contro, a parole a voci – lasciare che l'immagine trovi il tempo, dia il tempo, di una specie di spazio: di una costruzione del possibile.

VLADIMIR (a MILTOS): un contenuto: una linea di smantellamenti diurni... solo una conversazione – un contenuto impossibile – cambia il mondo: solo inizi, proemi, accenni, sentieri d'interruzione della presa dell'avvio, i progressi d'oblio, nell'oblio: stazioni di oblio: l'amnesia come l'unica guerra civile – senza pace, un mondo senza pace, è l'al di là del mondo: il mondo rivoluzionato... quella melanconia che ai piedi, ai piedi d'angeli levitanti solo, raccoglie un buon numero di computer spenti: bloccati nel possibile. La bellezza è contatto, il contatto è bellezza, il contatto vuoto è bellezza, la bellezza senza tangenza è contatto, una rappresentazione che cade, che è bella e l'occhio – che non vede ma lacrima, *tertium datur* – uno dei dati... nessuno imita.

IL CORPO CHE VIAGGIA

Forse stiamo solo iniziando a comprendere di essere oggetti, estensioni e condotti del corpo del mondo e non solamente la sua carne. Il nostro corpo non è più il solo medium di confini e pori emergenti, ma i nostri "pensieri protesici" sono infusi nei network e nei sistemi del mondo.

Sì, in una maniera molto simile alla fantascienza in cui vengono incubati arti e condotti bionici – i pensieri sono pure troppo protesici – non senza un Sé, ma insieme a loro, gli agenti del cogitare, che ci afferrano e ci si attaccano, e ci portano nei turbinii e nei vortici di altri "agenti pensanti" , cioè, altro da noi umani. Che questi "agenti pensanti" siano sistemici o cibernetici, non rivelano la dinamica dei pensieri non disincarnati, fuori e dentro la mente o la coscienza, ma rivelano una deviazione da un soggetto pensante/agente/cogito verso corpi pensanti.

LA VOCE DI STEPHEN HAWKING

Come l'inquietante voce del computer Hal in *2001 Odissea nello-spazio*, il cosmo è transcodificato tramite la voce di Hawking che ci spiega, anche con accento americano: "L'universo è in espansione..."

Il cosmo e il pensiero, il pensare il cosmo e la relazione dei pensieri con il cosmo sono segnati dalla spirale dei limiti ontologici ed epistemologici e dalla loro emersione dinamica, come sostenuto da Henryk Skolimowski in relazione al convenzionalismo radicale di Quine.

"...a meno che non ci sia una rivoluzione della natura...che si prenda gioco della specie umana per far posto sulla scena ad altri esseri e così via... Poiché di fronte alla potenza della natura, o piuttosto della causa prima, per noi inaccessibile, l'uomo non è che un'inezia..."
(Immanuel Kant, *Se il genere umano sia in costante progresso verso il meglio*).

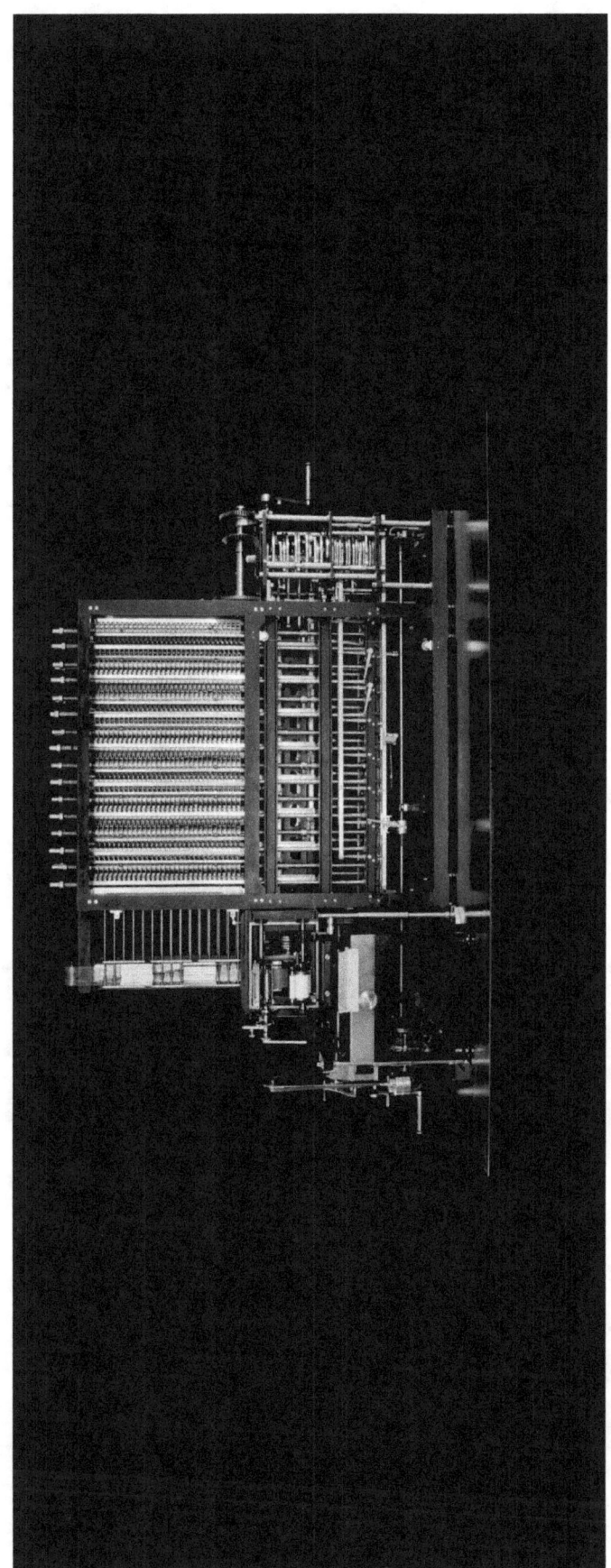

Babbage Difference Eng. no 2
© Dan Winters
(Courtesy of the Computer History Museum)

"Vi sono nuove intuizioni 'oltre il nostro mondo': finché non vengono incorporate nel nostro cosmo allargato, non hanno senso: iniziano ad avere un senso quando le pareti del cosmo si allentano e si allargano per incorporare queste intuizioni."

Il pensiero di condizioni limite non solo si applica al cosmo, ma anche al pensiero in sé. La spirale del nostro pensiero ridefinisce ripetutamente le condizioni limite dell'universo, sia nelle sue dimensioni che nella sua natura, e allo stesso modo i nostri pensieri del cosmo vengono riassegnati "al di fuori" del nostro cervello/mente alla condizione iniziale dell'universo come sistema fisico.

Nella mente di lei gli interludi tra i pensieri pesano più dei pensieri stessi – lei è sicura nello sfidare l'antipsicologismo di Frege non per l'amor dello psicologismo, ma piuttosto per respingere l'oggettivismo logico.

Né l'attacco di Frege allo psicologismo, né la critica di Wittgenstein alla psicologia, potranno mai comprendere il concetto husserliano di intenzionalità come fondata sulla psicologia: entrambi si incentrano sulla logica e il linguaggio come non subordinati ai fattori psicologici. In quanto alla critica di Husserl dello psicologismo nelle sue *Ricerche logiche*, è basata sull'asserzione che la logica non possa esser sussunta da costrutti psicologici, l'intenzionale non viene mai rimosso interamente dal contenuto/atto di un pensiero. Questa è la differenza radicale tra logicismo e comportamentismo da una parte e il concetto di pensiero incarnato dall'altra. L'empatia deriva precisamente dal con-

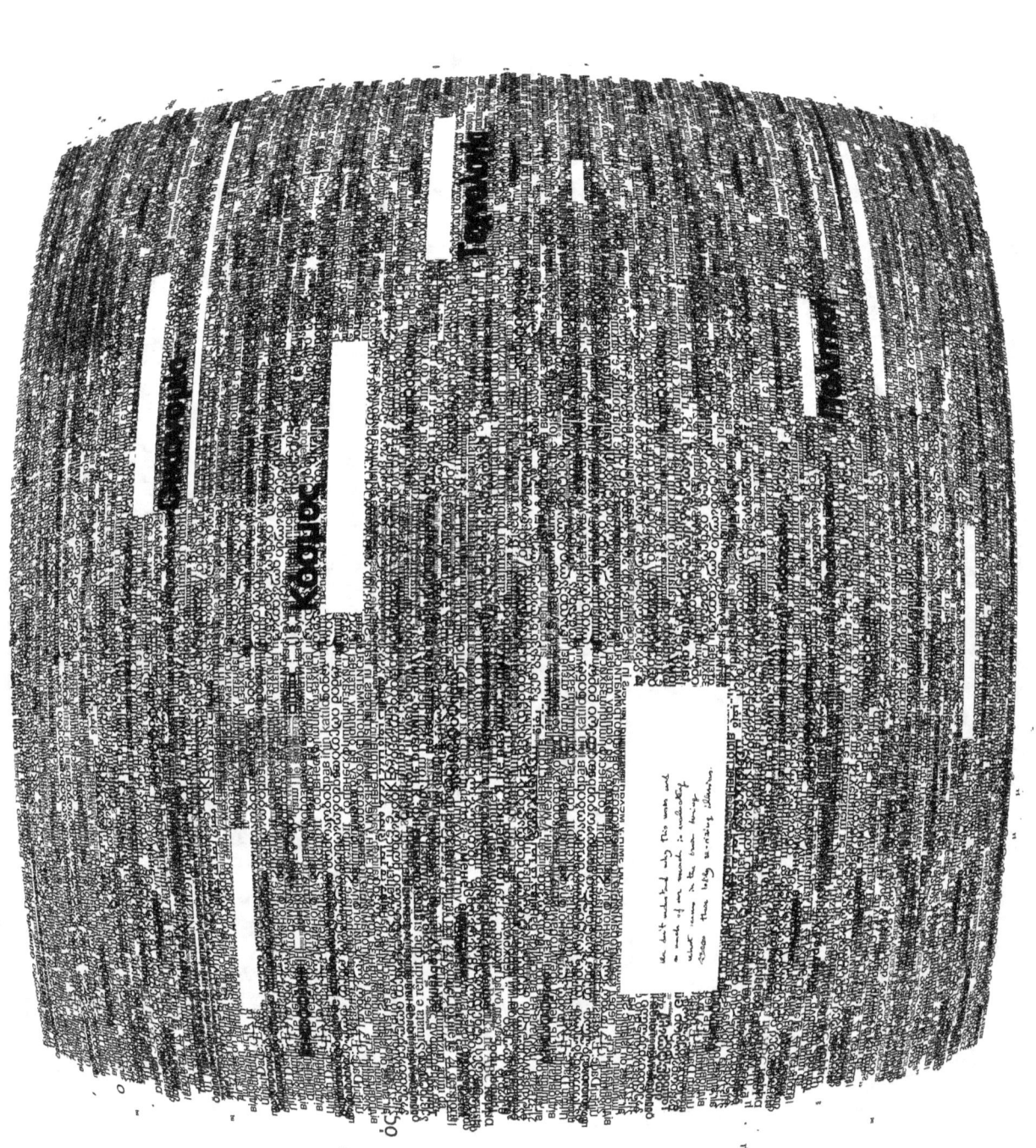

cetto del pensiero incarnato e dalla sua relazione tra spazi fisici e noetici.

La sua conversione non è stata una conversione religiosa, ma una trasformazione spaziale della temporalità: divenire ciò che non sei. Ciò che Barthes ha chiamato "la grana della voce" non è più la firma del vivente sui testi/segni materiali, ma piuttosto, mentre i suoi testi continuano a germogliare, diventano voci in mondi granulari, micro universi in infinita espansione.

Come afferma Barthes: "La 'grana' è questo: la materialità del corpo che parla la propria lingua madre; forse la lettera, quasi certamente il significato",[16] e inoltre, "la 'grana' è il corpo nella voce quando canta, nella mano quando scrive, nell'arto quando si muove."[17]

Per Barthes la relazione con il cantare di altri corpi è erotica, ma in nessun caso soggettiva e la percezione del tessuto granulare della voce è la relazione intima con un "estraneo" nel senso di condividere qualcosa senza in realtà conoscere chi parla o canta. La voce di Hawking viene rimossa dal canto e l'aspetto robotico che con i suoi bites simulati dal computer ci porta oltre il confine del corpo e del viaggio umano.

Cos'è "il problema dell'empatia" se non una domanda posta ancora e contro il pensiero protesico,

---

16 Roland Barthes, *Image–Text–Music* (New York: Hill and Wang, 1978), 182.

17 Ibid., 188.

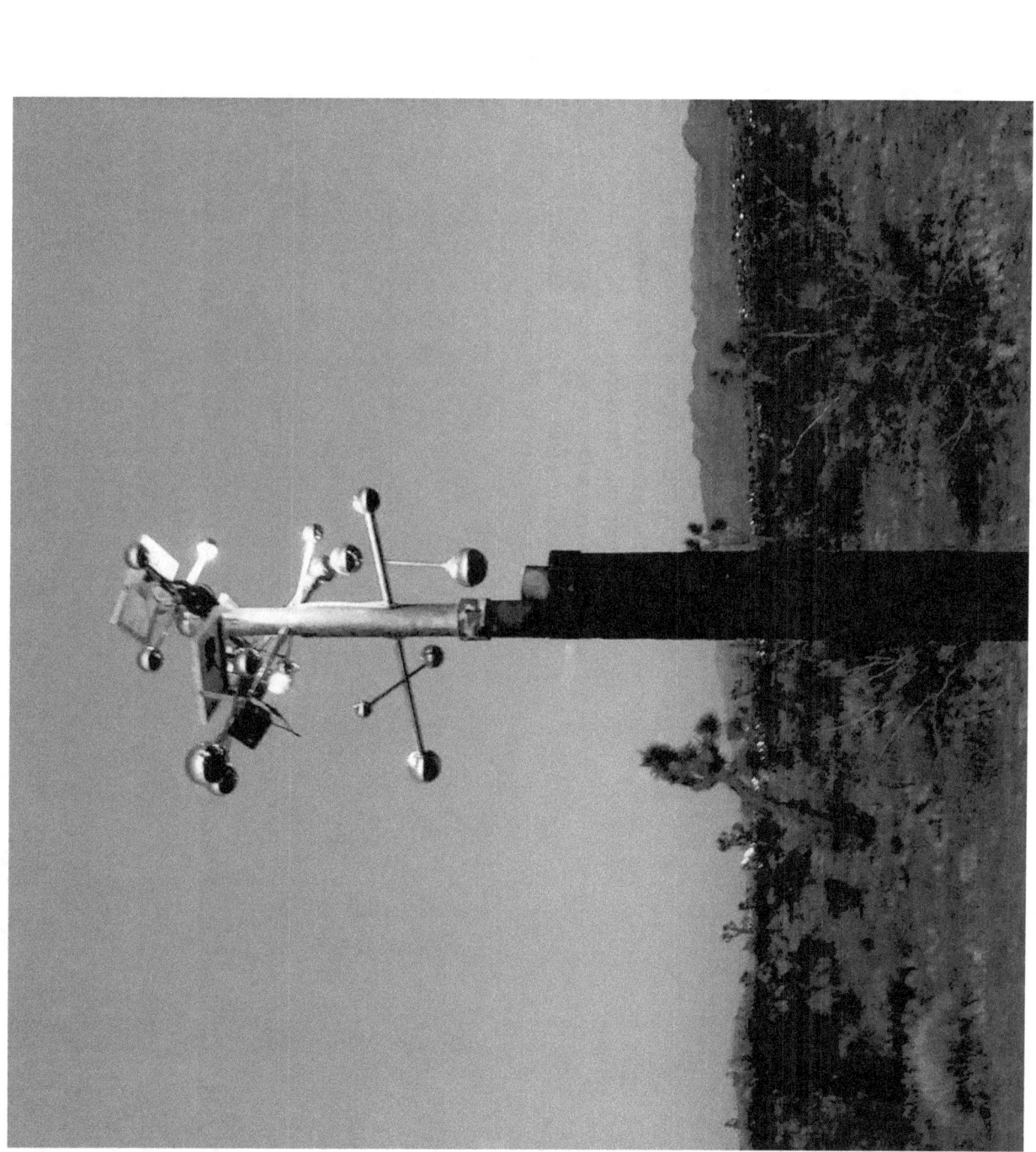

Desert Heliotrope (2018)
STAINLESS STEEL AND SOLAR PANELS
ADAM BERG

dopo un secolo di conversioni scientifiche e filosofiche del "Sé" in "che cosa?" La voce di Hawking
ha una grana aliena e quando parla, non parla realmente, ma traduce un movimento in parole e il
suo modo di parlare non è umano e noi riconoscia-
mo i suoi deliri astrofisici come voce di Stephen
Hawking, ma la sua voce in realtà, è diventata la sua
alter-voce, la sua voce protesica che proietta ancora
una volta empatia nello spazio e ancora esplicita un
"Sé" nell'universo.

Mi domando se Stein sarebbe d'accordo o meno
sulla voce codificata di Stephen Hawking rispetto alle abilità (nostre) di sentire con accuratezza,
cioè, con precisione intellettuale, ciò che sentono
gli "altri;" di condividere qualcosa come fosse un
evento mentale che alluda ad un gioco linguistico e
che ci aiuti a stabilire noi stessi e gli altri.

Traduzione di Pietro Traversa

Contents – Indice

Hephaestus Reloaded (in English)................3

Efesto Reloaded (in italiano)................57